البتہ

(مزاحیہ مضامین)

یوسف ناظم

© Taemeer Publications LLC

Albatta *(Humorous Essays)*

by: Yusuf Nazim

Edition: July '2024

Publisher :

Taemeer Publications LLC (Michigan, USA / Hyderabad, India)

ISBN 978-93-5872-368-7

© تعمیر پبلی کیشنز

کتاب	:	**البتہ** (مزاحیہ مضامین)
مصنف	:	**یوسف ناظم**
صنف	:	طنز و مزاح
ناشر	:	تعمیر پبلی کیشنز (حیدرآباد، انڈیا)
سالِ اشاعت	:	۲۰۲۴ء
صفحات	:	۱۴۰
سرورق ڈیزائن	:	تعمیر ویب ڈیزائن

فہرست

کرشن چندرؔ

کے

نام

یوسف ناظمؔ

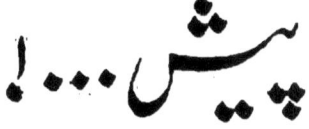

پیش...!

مُصنّف اب اپنی کتاب کا پیش لفظ نہیں لکھا کرتے کیونکہ کوئی شخص بھی نہیں چاہتا کہ کتاب کے شروع ہی میں اُس کا بھرم کُھل جائے۔ پیش لفظ کی کوئی ادبی اہمیت ہے بھی نہیں۔ اسی لئے ادب کے ذخیرے میں مقدموں کے مجموعے تو ملتے ہیں لیکن پیش لفظ اب تک کسی مجموعے کی زینت نہیں بن سکے۔ پیش لفظ، بطور لفظ بھی اِتنا معمولی ہے کہ اس کی جمع تک بھی نہیں ہے۔

ایک زمانہ تھا جب لوگ ہنستے ہنساتے پیش لفظ لکھ لیا کرتے تھے۔ رواں، دواں — ایک مسلسل مضمون کی شکل میں۔ اب جو پیش لفظ سامنے آ رہے ہیں وہ مسلسل نہیں ہوتے بلکہ پہلودار ہوتے ہیں۔ یعنی اُن کا ہر پہلو الگ الگ ہوتا ہے۔ ان کی شکل نثری نظموں کی سی ہوتی ہے ہر جملہ نئی سطر سے شروع ہوتا ہے۔ بعض جُملے تو نصف یا ایک چوتھائی سطر کے بھی ہوتے ہیں، ان میں تفصیل کم اور ترسیل زیادہ ہوتی ہے —
میں بھی چاہتا تھا کہ ایسا ہی پیش لفظ لکھوں (کم سے کم دیکھنے میں تو خوبصورت ہوگا) لیکن بلیغ جُملے اُس وقت بنتے ہیں جب لکھنے والے کے پاس کہنے کے لئے کچھ ہو۔ میں تو زیادہ سے زیادہ یہی کہہ سکتا ہوں کہ میں ۱۹۴۴ء سے مسلسل لکھ رہا ہوں۔ اِسے آپ لکھنا کہیں گے یا ضِد؟

٦

ادیب کی ضد کا تو خیر کوئی جواز ہوتا ہے لیکن میرے ساتھ مصطفیٰ کمال مدیر "شگوفہ" کو بھی غالباً ضد ہوگئی ہے کہ وہ میری کتابیں چھاپتے رہیں گے —— یہ کتاب بھی اُنہیں کی غفلت کا نتیجہ ہے۔ میرے معاملات میں وہ تیسری مرتبہ یہ غلطی کر رہے ہیں۔

ادھر کچھ دنوں سے مزاحیہ کتابیں (یعنی مزاحیہ مضامین کی کتابیں) زیادہ تعداد میں چھپ رہی ہیں۔ کچھ کتابوں میں تو واقعی مزاح ہوتا ہے اور کچھ میں قاری اپنی طرف سے مزاح پیدا کر لیتے ہیں —— میں حسبِ معمول قاریوں سے تعاون کا طلب گار ہوں۔ کچھ لوگوں کا خیال ہے کہ اچھی کتاب وہ ہوتی ہے جو ایک ہی نشست میں ختم ہو جائے۔ ممکن ہے یہ فارمولا صحیح ہو لیکن مزاحیہ کتابیں اس فارمولے سے مستثنیٰ ہونی چاہئیں۔ یہ قاری سے تھوڑی فرصت مانگتی ہیں۔

میں یہ تو نہیں کہہ سکتا کہ میری یہ کتاب، میری پچھلی کتابوں سے بہتر ہے کیونکہ یہ بھی کوئی معیار ہوا؟ —— لیکن، بہرحال یہ کہہ سکتا ہوں کہ اگر آپ نے اس سے پہلے میری کوئی کتاب نہیں پڑھی ہے تو کوئی حرج نہیں۔ وہ سب ایسی ہی تھیں ——

یوسف ناظم

۷۔ نومبر ۱۹۸۱ء

۱۹۔ الہلال ۱۳۔ کرشن چندر مارگ

باندرہ ریکلمیشن۔ بمبئی ۵۰ ...۴۰۰

المرقوم: ۷۔ نومبر ۱۹۸۱ء (المرقوم کسی عمارت کا نام نہیں ہے)

۷

ایک پردیسی کا سفرنامہ ہندوستان

(دوسرا ایڈیشن)

بمبئی شہر کی جیسی تعریف سُنی تھی اُسے ویسا ہی بلکہ اس سے کچھ زیادہ ہی پایا۔ جب ہم یہاں پہنچے تو سارا شہر پسینے میں تر تھا۔ یہاں مئی اور جون میں اتنی گرمی نہیں ہوتی ہے جتنی اکتوبر میں ہوتی ہے لیکن سُنا ہے خود مئی اور جون میں یہاں اتنی گرمی تو ہو ہی جاتی ہے کہ آٹا گوندھ کر چھاؤں میں بھی رکھ دو تو خود بخود بریڈ بن جائے (بریڈ کو بمبئی میں پاؤ بولتے ہیں، بمبئی میں ہر شخص صبح اُٹھتے ہی پاؤ ضرور کھاتا ہے۔ کہتے ہیں جو شخص یہاں پاؤ نہیں کھاتا، لاغر ہو جاتا ہے) اکتوبر کی دھوپ میں چلتا پھرتا زندہ مرغ، تندوری مرغ میں تبدیل ہو جاتا ہے اور اسے فوراً ہوٹلوں میں منتقل کرنا پڑتا ہے۔ (تندوری مرغ کے تفصیلی حالات ہم آئندہ کبھی بیان کریں گے، یہ یہاں کا بہت مشہور پرندہ ہے) بمبئی میں دو ہی موسم ہوتے ہیں۔ گرمی اور بارش۔ بارش کے دنوں میں یہاں کا سمندر چاروں طرف سے بارش کے پانی سے گھر جاتا ہے۔ پورے ہندوستان میں

۸

بمبئی ہی ایسا شہر ہے جہاں ہر شخص تیرا جانتا ہے ۔ تیرا نہ جانے تو گھر سے دفتر
اور دفتر سے گھر نہ پہنچ پائے ۔ عورتیں بھی مردوں کے شانہ بشانہ تیرتی رہتی ہیں
(ڈوبتے تو صرف مرد ہیں) یہاں عورتوں کی آبادی ۔۔۔۔۔ آبادی نہ سہی ان کی
چہل پہل ہی کہیں زیادہ نظر آئی ۔ معلوم ہوا کہ یہاں عورتیں ہر میدان میں مردوں
سے آگے ہیں ۔ یہاں کی ٹرینوں اور بسوں میں اگر روزانہ دو چار جیبیں نہ کٹیں
تو شہر سونا سونا نظر آتا ہے اور چلتی ٹرین سے ہاتھوں کی گھڑیاں، گلے کی زنجیریں
اور کانوں کے بُندے کھینچ لیے جانے کی سو ، سوا سو داردانیں نہ ہوں تو پولیس
پریشان ہو جاتی ہے ۔ اِن سب معاملات میں بھی عورتیں، مردوں کے شانہ
بشانہ رہتی ہیں بلکہ یہ سب کام تنہا اپنی ذمہ داری پر انجام دیتی ہیں ۔ بمبئی میں پہلے
مسافر ٹیکسی چلانے والوں سے سہمے رہتے تھے اب مسافر انہیں لوٹ لینے میں
کوتاہی نہیں کرتے ۔ سمندر کے کنارے یا پارکوں میں اور میدانوں میں تفریح
کرنے والے جوڑوں کا پہلے پٹ جانا اور اس کے فوراً بعد لٹ جانا ایسا ہی
ہے جیسے پرندوں کا ہوا میں اڑنا ۔ ایسی باتوں پر اگر کوئی شخص یہاں تعجب
کرتا ہے تو اسے ڈانٹ سننی پڑتی ہے ۔۔۔ شہر ہمیں پسند آیا ۔

بمبئی اور دلی میں ایک نمایاں فرق یہ دکھائی دیا کہ دلی میں سڑکیں خالی پڑی
رہتی ہیں ۔ بمبئی میں کوئی سڑک ، کوئی گلی ، کوئی کوچہ ، ایسا نظر نہیں آیا جہاں
آدمی رک کر اپنی سانس ٹھیک کر سکے ۔ آدمی نہ چلتے ہوں تو کم سے کم جانور
سڑکوں پر ضرور ی گے ۔ شاہراہوں کے دونوں طرف "ضرورتمند"
عوام النّاس مصروف گلی کاری نظر آئیں گے ۔ وقت کی کوئی قید نہیں ہے ۔ یہ
اور بات ہے کہ صبح کے اوقات میں اس قسم کا مجمع ذرا زیادہ ہوگا ۔ کام سب

۹

ایک ہی کریں گے لیکن اس طرح کہ ؎

کسے را از کسے کارے نباشد

زندگی یوں ہمیں دلّی میں بھی نظر آئی لیکن زندگی وہاں لیٹی رہتی ہے۔ یہاں ملکھا سنگھ کی رفتار سے بھاگتی ہے (سُنا ہے ملکھا سنگھ ہندوستان کا سب سے تیز رفتار شخص تھا، جب بھاگتا تھا تو بھاگتا ہی رہتا تھا) زندگی کی تیز رفتاری کی وجہ سے یہاں آدمی کو آتشِ زیرِ پا رہنا پڑتا ہے۔ صبح اُٹھ کر اگر آدمی تین منٹ میں نہالے، دو منٹ میں شیو کرلے اور چار منٹ میں تیار ہو کر گھر سے باہر نکل جائے تو سمجھنا چاہیئے کہ وہ بڑے آرام کی زندگی گزار رہا ہے۔ جو لوگ اس سے کم آرام میں ہیں وہ یہ سارے کام رات ہی میں کر لیتے ہیں۔ بمبئی میں یوں بھی دن، رات کے ڈیڑھ بجے ختم ہوتا ہے اور پونے دو بجے صبح شروع ہو جاتی ہے۔ جو بچّے اور والدین ایک ہی گھر میں رہتے ہیں، ہفتے میں ایک دن ضرور ایک دوسرے سے مل لیتے ہیں۔ اس طرح رشتہ برقرار رہتا ہے۔

بمبئی میں ایک خاص بات یہ نظر آئی کہ ہر شخص مخالف سمت میں بھاگتا ہے یعنی شہر سے ۴۰ میل دور رہتا ہے تو نوکری یا کاروبار کے لئے شہر آتا ہے اور جو شخص شہر میں رہتا ہے، اپنے گھر سے ۳۵ میل دُور مضافات میں جا کر کام کرتا ہے۔ کچھ لوگ ایسے ضرور ہیں جن کے گھر اور دفتر یا مکان اور دکان نزدیک نزدیک ہیں لیکن ایسے لوگوں کو عزت کی نگاہ سے نہیں دیکھا جاتا۔ بمبئی میں رہ کر اگر آدمی روزانہ ساٹھ ستّر میل کا سفر نہ کرے تو وہ شہری کب ہوا۔

دلّی میں الیکٹرک ٹرینیں بھی نظر نہ آئیں۔ بمبئی میں ہمیں پورا شہر اور پورے مضافات ان ٹرینوں سے گھرے ہوئے دکھائی دیئے۔ ان ٹرینوں کی چھتیں بھی کافی آرام دہ بنائی گئی ہیں اور کتنے ہی مسافر ان چھتوں پر چڑھ کر سفر کرتے ہیں۔ اس میں ریلوے کا فائدہ یہ ہے کہ چھتوں پر پنکھے نہیں لگانے پڑتے۔ ٹرینوں میں سفر کرنے والے لوگ جیب میں اور کچھ رکھیں یا نہ رکھیں، ایک کنگھا ضرور رکھتے ہیں اور پلیٹ فارم پر اُتر کر سب سے پہلے بالوں میں کنگھا کرنے کے بعد انگلیوں کی مدد سے صاف کرکے، بال ہوا میں اڑا دیتے ہیں۔ (پھونک مارنی پڑتی ہے، آزو بازو چلنے والے لوگ اس سے استفادہ کرسکتے ہیں)۔

بمبئی کا ہر آدمی زیادہ ذہین ہوتا ہے اور ہر چیز کا مَصرف جانتا ہے مثلاً یہ کہ دلی میں بھی لوگ بنیان پہنتے ہیں لیکن اس سے کوئی کام نہیں لیتے، بمبئی کا آدمی اس میں اپنا فاؤنٹن پن لگاتا ہے بلکہ وہ بنیان پہنتا ہی اس لیے ہے کہ اگر نہ پہنے تو فاؤنٹن پن کہاں رکھے۔ ہم نے بہتوں کو تو کتابیں اور فائلیں تک بنیان میں رکھے دیکھا۔ بمبئی میں جگہ کی بڑی قلت ہے۔

دلّی میں سارے لوگ ایک دوسرے کے لئے اجنبی ہیں، ان میں کوئی رشتہ نہیں جبکہ بمبئی میں ہر شخص ایک دوسرے کا سالا نظر آیا۔ ہمیں اتنی قرابت داری کہیں اور نظر نہ آئی لیکن بعد میں ہمیں بتایا گیا کہ یہ قرابت داری کا معاملہ نہیں، طرزِ گفتگو کا ہے۔

ایسا لگتا ہے کہ اس شہر میں ہمارا دل بہت لگے گا۔

شہر بمبئی میں جیسا کہ ہم پہلے ذکر کرچکے ہیں، ہر آدمی کا دن ایک عدد "پاؤ"

۱۱

کھانے سے شروع ہوتا ہے۔ پاؤ کئی قسم کے ہوتے ہیں۔ گول، اسنوانہ نما، مخروطی مستطیل، مربع، سخت، میڈیم سخت، نرم، بے حد نرم، ہر شخص کو اختیار ہے کہ اپنی پسند کے نمونے کے بریڈ کھائے۔ بچے عام طور پر ڈبہ نما بریڈ استعمال کرتے ہیں اور اس کے ایک طرف کا دروازہ کھول کے اس کے اندر سے گودا نکال کر کھا لیتے ہیں، گودا کھا لینے کے بعد جو چیز بچ جاتی ہے، اس سے تین دیواروں والے کمرے کا کام لیا جا سکتا ہے۔ بچے اِس میں اپنی اسٹیشنری رکھتے ہیں۔ دو دن کے بعد، اس کمرے کی بریڈ پڈنگ بن سکتی ہے جو اتوار کے دن آنے والے مہمانوں کی خدمت میں پیش کی جا سکتی ہے۔ اس میں شکر کم سے کم ڈالنی چاہیے تاکہ یہ زیادہ بدمزہ رہے۔ اس پاؤ اور بریڈ کے علاوہ یہاں کی اور بھی کئی ڈشیں ایسی ہیں جو عوام الناس ہی میں نہیں، محل آشیاں اور امپالا نشیں لوگوں میں بھی بے حد مقبول ہیں۔ گرم مونگ پھلی، چنے، نمک کے پانی میں اُبالے ہوئے سینگدانے، پانی پوری، رگڑا اور بھیل پوری، یہ چیزیں اگر حلق سے ٹھیک طور سے نہ اُتریں تو لیموں پانی یا گنّے کے رس کی مدد لی جا سکتی ہے۔ لیموں پانی میں کبھی کبھی لیموں کا عرق بھی استعمال کیا جاتا ہے گنّے کے رس میں کبھی کبھی ایک آدھ چھپکلی بھی پِس کر آجاتی ہے (اس میں رعایت یہ ہے کہ چھپکلی کی قیمت الگ سے ادا نہیں کرنی پڑتی) جن گلاسوں میں رس پیش کیا جاتا ہے انھیں دھویا بھی جاتا ہے۔ گلاسوں کو کس پانی سے دھویا جاتا ہے، اس پر غور نہیں کرنا چاہیے۔ بڑے شہروں میں اگر ایسی باتوں پر وقت برباد کیا جائے تو پھر آدمی کام کب کرے گا؟ ہمیں ان ساری ڈشوں میں بھیل پوری بہت پسند آئی بھیل پوری میں طرح طرح کی چیزیں ملائی جاتی ہیں۔ بھیا جب ان تمام چیزوں کو یکجا کرکے اپنے دستِ نازک سے ان کا مرکب تیار کرتا ہے تو اس کے ہاتھ کی صفائی پر

رشک آنے لگتا ہے۔ صاف نظر آتا ہے کہ وہ جو کچھ کماتا ہے وہ اس کے پسینے کی کمائی ہے۔ بمبئی میں ہر شخص دن میں ایک بھیل پوری ضرور کھاتا ہے۔ نہ کھائے تو اس سے بزنس میں ہزاروں غلطیاں ہو جائیں۔ ٹرین اور بس چھوٹ جائے اور وہ منیم سے سیٹھ کے درجے پر کبھی نہ پہنچ سکے۔ بمبئی میں ان لوگوں کو پسند نہیں کیا جاتا جو سڑک پر چلتے وقت کوئی چیز نہ کھاتے ہوں۔ یہاں سڑک پر چلتے وقت ہمیشہ کچھ نہ کچھ کھاتے رہنا چاہیئے۔ آدمی معزز دکھائی دیتا ہے ورنہ لوگ سمجھتے ہیں یہ شخص فاقہ کشی میں مُبتلا ہے۔ بچے بھی سبق حاصل کرتے ہیں۔ ان فواکہات کے علاوہ یہاں قدم قدم پر کھانے کے لئے قدرتی اشیاء بھی ملتی ہیں یعنی کیلے، امرود، سپوٹے اور کھیرے۔ امرود کے ساتھ سُرخ مرچ میں ملا ہوا نمک مفت ملتا ہے۔ یہی کیفیت کھیروں کی ہے۔ نمک بونس کی شکل میں تقسیم ہوتا ہے۔ کیلے اور چیکو کھانے والوں کو یہ نعمتیں نہیں ملتیں لیکن چیکو بیچنے والے البتہ اتنی سوشیل سروس ضرور کرتے ہیں کہ زائد رقم لئے بغیر چیکو کو ہر طرف سے چھیل کر آپ کے حوالے کر سکتے ہیں۔ ان میں کئی وٹامنوں کا اضافہ ہو جاتا ہے لیکن نقصان یہ ہوتا ہے کہ ایک چوتھائی چیکو چھلکے کے ساتھ چلا جاتا ہے اس لئے اکثر لوگ چیکو بھی چھلکے کے ساتھ ہی کھاتے ہیں اور یہ یقین کر لیتے ہیں کہ ایک وٹامن بھی ضائع نہیں ہونے پایا۔ (یہاں ابھی ناریل کو چھلکے کے ساتھ کھانے کا سسٹم شروع نہیں ہوا ہے) ہاں یہاں ناریل کا پانی بہ کثرت پیا جاتا ہے۔ لوگ کہتے ہیں کہ یہی ایک پانی ہوتا ہے جس میں میونسپل کارپوریشن کا کوئی دخل نہیں ہوتا۔ ہر ناریل میں سے ایک گھونٹ پانی ضرور بر آمد ہوتا ہے۔ ناریل کی مُنہ مانگی قیمت ادا کرنی ہوتی ہے۔ (ہر ناریل فروش کے پاس ایک چاقو ہوتا ہے) استعمال شدہ ناریل کے خول سے آپ کچھ دیر

فٹ بال کھیل سکتے ہیں۔ اس کا کوئی معاوضہ ادا کرنا نہیں پڑتا۔ پینے کی چیزوں میں یہاں نیرا بھی مقبول عام مشروب ہے لیکن یہ صرف صبح کے اوقات میں ملتا ہے۔ بہت عجلت میں پینا پڑتا ہے۔ اس طرح اس کے نقائص ظاہر نہیں ہونے پاتے۔ ہر ریلوے پلیٹ فارم پر نیرے کا ایک اسٹال ضرور ہوتا ہے جس پر بعد میں وہ لوگ سو سکتے ہیں جنھیں بنچوں پر سونے کے لئے جگہ نہ ملی ہو۔ ریلوے پلیٹ فارم پر جتنے بھی بنچ ہوتے ہیں برسوں سے چند خاص لوگوں کی رہائش کے لئے ریزرو ہو چکے ہیں۔ خود پلیٹ فارم اور بالائی پلوں پر بھی قیام و طعام کی اجازت ہے جو لوگ یہاں مستقل طور پر رہنا نہ چاہیں وہ چار چھ گھنٹوں کے لئے اپنی دکان لگا سکتے ہیں۔ بظاہر اس کا کوئی کرایہ نہیں ہے۔ ریلوے پلیٹ فارم پر نیرے کے علاوہ چائے بھی ملتی ہے اور اس چائے کے تعلق سے یہ دعویٰ کیا جا سکتا ہے کہ ایسی چائے کہیں اور مل ہی نہیں سکتی (یہ بات شاید ہم آپ سے کہہ چکے ہیں)۔

بمبئی میں پانی کم پیا جاتا ہے بلکہ صرف چائے پی جاتی ہے اور اس میں تعاونِ عمل وغیرہ سبھی قسم کی تحریکوں کا دخل ہوتا ہے۔ ایک پیالی چائے جس میں چائے کے کئی قطرے ہوتے ہیں۔ کم سے کم دو آدمی مل کر پیتے ہیں۔ طشتری ایسی جس میں پہلے ہی سے تھوڑا سا گدلا پانی موجود رہتا ہے مہمان کو چائے پیش کی جاتی ہے، اس طرح چائے کی مقدار اور مہمان کے وقار میں اضافہ ہوتا ہے۔

شہر بمبئی میں ٹریفک کا انتظام بہت اچھا ہے (یوں اِم مارل ٹریفک کا بھی بہت اچھا انتظام ہے۔ اِم مارل ٹریفک کو نفسِ امّارہ کے ذریعہ قابو میں لایا جاتا ہے) جگہ جگہ ٹریفک آئی لینڈ بنے ہوئے ہیں۔ فٹ پاتھ پر سمنٹ کی ریلنگ لگی ہوئی ہے۔ ٹریفک سگنل قدم قدم پر ہیں۔ یہ ٹریفک سگنل

خودکار ہیں جب ان کی خودی ختم ہوجاتی ہے یا جواب دے دیتی ہے تو بے خود کانسٹبل یہ کام سنبھال لیتے ہیں۔ ٹریفک سگنل پر امبر، ہری اور لال روشنی بتاتی ہے کہ اب آپ کو کیا کرنا ہے۔ لال بتی نظر آئے تو گاڑی اس طرح روک دینی چاہیئے کہ بریک لگانے کی آواز دور دور تک سنائی دے۔ امبر روشنی نظر آئے تو گاڑی چلانے کی تیاری کرنی چاہیئے اور سبز روشنی نظر آتے ہی گاڑی ایک جھٹکے سے آگے بڑھا دینی چاہیئے۔ یہ جھٹکہ زلزلے سے ملتا جلتا ہونا چاہیئے۔ پیدل چلنے والوں کے لئے سگنل کے اندر ہی آدمی کی تصویر بنا دی گئی ہے۔ یہ آدمی مرد ہے لیکن جب یہ نظر آئے تو عورتیں بھی چل سکتی ہیں۔ پورے شہر میں ٹریفک سگنل کی تصویر والا مرد ہی وہ تنہا مرد ہے جس کے اشارے پر عورتیں چلتی ہیں۔ فٹ پاتھ پر لگی ہوئی ریلنگ میں جگہ جگہ سے ایک ستون توڑ دیا گیا ہے تاکہ لوگ اس میں آسانی سے گزرسکیں۔ یہ راستے بہت ضروری ہیں کیوں کہ ہر شخص تو ریلنگ پر سے پھلانگ نہیں سکتا۔ پھر بھی ہر شخص کو تھوڑی بہت ہائی جمپ آنی ہی چاہیئے۔ راستہ چلنے والوں کے لئے سڑکوں پر سطریں بھی بنا دی گئی ہیں۔ ان سطروں میں بین السطور صرف اس وقت پیدا ہوتا ہے جب کسی ٹھیلے سے کوئی راہ گیر ٹکرا کر گر پڑے۔ ٹھیلہ یہاں اس سواری کو کہتے ہیں جس پر اتنا بوجھ لاد دیا جائے کہ اسے ڈھکیلنے والا خود کھینچتا چلا جائے۔ بمبئی میں پورے شہر کا آدھا بزنس، ان ہی ٹھیلوں کے ذریعہ ہوتا ہے۔ ہمارے ایک شاعر نے ہمیں بتایا کہ بمبئی میں ہاتھ گاڑی چلانے والے ایک دن میں جتنا پیدل چل لیتے ہیں اتنا ملٹری والے دو مہینوں میں نہیں چل سکتے بس فرق یہ ہے کہ ان کے پاس بندوق نہیں ہوتی صرف زبان

ہوتی ہے لیکن یہ زبان، کام بندوق ہی کا کرتی ہے۔

بمبئی میں ٹریفک کے سلسلے میں ایک لفظ بہت عام ہے۔ جگہ جگہ سننے میں آتا ہے ٹریفک "جام" ہوگئی۔ بہت دن تک تو ہماری سمجھ میں نہیں آیا کہ ٹریفک جام میں کیسے منتقل ہو سکتی ہے۔ جب کبھی یہاں ٹریفک جام ہوتی ہے تو ہر موٹر یہ بتاتی ہے کہ میں بھی ایک ہارن رکھتی ہوں۔ ہارن کا ایسا کورس ہم نے کہیں اور نہیں سُنا۔ جب پانچ سات سو ہارن ایک ساتھ بجتے ہیں تو کئی کانسٹبل اِدھر ادھر سے جمع ہو کر حالات کا جائزہ لیتے ہیں، جی بھر کر سیٹیاں بجاتے ہیں اور چند گھنٹوں میں حالات پر قابو پا لیتے ہیں۔ حالات پر قابو پانے کی آسان ترکیب یہ ہے کہ اگر آپ شمال کی طرف جا رہے ہوں تو آپ کو مشرق میں روانہ کر دیا جائے۔ اور جو گاڑی مغرب میں جا رہی ہے تو اُسے جنوب کی طرف بھیج دیا جائے۔

بمبئی میں سیکلیں اِتنی تو نہیں جتنی دِلّی میں نظر آئیں، لیکن پھر بھی کافی ہیں۔ سیکلیں عام طور پر ٹریفک کے قاعدہ قانون سے مستثنیٰ ہیں۔ دوسری سواریوں کو جگہ جگہ رُکنا چاہیئے۔ سیکلوں پر صرف اتنی پابندی ہے کہ یہ کہیں نہ رُکیں۔ موٹروں کے ٹھہرانے (پارکنگ) کے معاملے میں بھی لوگ دو دو دن پریشان رہتے ہیں۔ اور اس دن ان کی دکان بند رہتی ہے۔ کہتے ہیں موٹر نشین لوگ بعض وقت صرف پارکنگ کرنے کے لئے میلوں، موٹریں دوڑاتے رہتے ہیں۔ جن محلّوں میں دکانیں ہیں۔ اگر دکاندار، سورج نکلنے سے پہلے وہاں نہ پہونچیں تو وہ گاڑی سے اُتر ہی نہیں سکتے۔ کھڑے کھڑے گاڑی بیچ دینی پڑتی ہے۔ بعض لوگ دکان ہی بیچ دیتے ہیں۔ پارکنگ ایک فن ہے اور موٹر چلانے کا لائسنس بھی یہاں صرف ان لوگوں کو دیا جاتا ہے جو دو فٹ کی جگہ میں موٹر پارک کر کے دکھا دیں۔

یہاں پر کسی کے ہاں گیاریج نہیں ہوتا۔ اس لیۓ رات کے وقت موٹریں اپنے اپنے مکان سے دو چار میل دُور سڑکوں پر کھڑی کی جاتی ہیں۔ ان میں سے ہر موٹر، ہر مہینے میں ایک مرتبہ چرائی جاتی ہے۔ بعد میں ۲۰، ۲۵ میل کے فاصلے پر یہ موٹر دستیاب ہو جاتی ہے اور معلوم ہوتا ہے کہ کسی نوجوان کو اپنی محبوبہ کے لئے یہ کار درکار تھی۔ ایسی کار کو یہاں کارِ خیر کہا جاتا ہے۔

بمبئی چونکہ بڑا شہر ہے اس لئے یہاں کی ہر چیز بڑی ہوتی ہے۔ بڑے بڑے پرندے بھی ہمیں یہیں نظر آتے ہیں یا ممکن ہے ان پرندوں کا موسم ہی صرف کرسمس کا موسم ہو، کرسمس کے موقع پر یہاں ہر شخص ٹرکی کھانے کی کوشش کرتا ہے۔ ٹرکی کھانے کا ہمیں موقع نہیں ملا۔ لیکن سُنا ہے ٹرکی کھانے میں فائدہ یہ ہے کہ کھانے کے ساتھ ساتھ ورزش بھی ہو جاتی ہے۔ زندہ ٹرکی ہمیں کئی جگہ نظر آئے (دیکھتے ہیں یہ مرغ کی ایک قسم ہوتی ہے، وہ مرغ نہیں جو اردو شاعری میں پایا جاتا ہے)۔ اس مرغ کے آباء و اجداد ترکی میں پیدا ہوئے تھے اور پھر ان کی نسل شمالی امریکہ لے جائی گئی کیونکہ یہ پرندہ اتنا بڑا ہوتا ہے کہ ان کی پرورش کا انتظام اہلِ ترکی کے لئے ممکن نہ تھا۔ شمالی امریکہ میں یہ نسل خوب پھلی پھولی (جمہوریت کا یہی فائدہ ہے۔ مرغوں کو بھی ترقی کرنے کی اجازت ہوتی ہے) اصل مرغ تو ہم نے اس سے پہلے بھی دیکھے تھے لیکن ٹرکی کے دیدار سے تو جی خوش ہو گیا۔ مرغ اسے کہتے ہیں اور مرغ کو اتنا ہی ضخیم اور شاندار ہونا چاہیئے ٹرکی کو عام مرغوں اور معمولی مرغیوں کی طرح ڈربے میں نہیں بند کیا جا سکتا۔ ہر ٹرکی اپنے لئے ایک علیحدہ کمرہ چاہتا ہے تاکہ اسے مکمل پرائیویسی حاصل ہو، ٹرکی کے متعلق کہا جاتا ہے کہ اس کا اپنا الگ تمدن ہوتا ہے اور یہ اُن

حرکتوں سے احتراز کرتا ہے (کم سے کم پبلک میں) جو روزمرّہ کے مرغوں کو بہت بھاتی ہیں، اس کی صحت کا راز بھی یہی ہے۔ بظاہر یہ تجرّد کی زندگی گزارتا ہے۔ ٹرکی کے سر پر کلغی تو ہوتی ہے لیکن پَر نہیں ہوتے اس کی وجہ شاید یہ ہے کہ اس کی دُم پروں سے لبریز ہوتی ہے۔ جب دُم پر اتنے خرچ ہو جائیں گے تو سر کے لئے کہاں سے آئیں گے۔ کرسمس کے موقع پر ٹرکی کے گوشت کا کھایا جانا وقار کی علامت ہے۔ کچھ نہیں تو ایک تولہ گوشت کھانا ہی چاہیئے۔ یہ صرف ۲۵ روپے کیلو بکتا ہے۔

بمبئی میں انڈے بھی سائز میں اوول میدان کے مانند ہوتے ہیں۔ ان کا نام ہی جمبو بیضہ ہے۔ جمبو انڈے میں ایک نہیں دو زردیاں ہوتی ہیں۔ یہ انڈا وہ لوگ کھاتے ہیں جنھیں ڈاکٹر، دن میں صرف ایک بار کھانا کھانے کی ہدایت کرتے ہیں۔ یلو پریس (YELLOW PRESS) یعنی زرد صحافت کے لئے بھی یہ انڈے مفید مانے گئے ہیں۔ یہ جڑواں زردیاں سائز، رنگ، ساخت اور خواص میں ایک ہوتی ہیں۔ کہتے ہیں ان کا ذائقہ بھی ایک سا ہوتا ہے۔ جمبو انڈوں کے بارے میں بعض لوگ یہ شبہ کرتے ہیں کہ یہ انڈے مرغیاں پیدا نہیں کرتیں۔ ایسا سوچنا بھی غلط ہے۔ مرغیاں کیا نہیں کر سکتیں۔ بطخوں کو اپنے دیئے ہوئے انڈوں کی جسامت پر بڑا ناز تھا۔ اب ان کا سرِ پُر غرور جھک گیا ہے (ہر غرور کا یہی انجام ہوتا ہے)

ہم نے اپنی آنکھوں سے تو نہیں دیکھا لیکن سُنا ہے یہاں چند خاص دنوں میں بکرے بھی اتنے بڑے بڑے آتے ہیں کہ دو آنکھوں میں سمائیں ہمیں کسی نے بتایا کہ ایک مرتبہ تو ایک بکرے کی تصویر بھی اخبار میں چھپی تھی

اور جس اخبار میں یہ تصویر چھپی تھی وہ خود بلیک میں بکا تھا (بلیک میں بکنا خاص محاورہ ہے) ان بکروں کو خشک میوہ کھلا کر پالا جاتا ہے۔ ایسے بکروں کا گوشت، پیر کے دن کھایا جائے تو بدھ یا جمعرات تک ضرور ہضم ہو جاتا ہے۔ اس سے زیادہ دیر نہیں لگتی۔ ٹرکی کے گوشت کے ہضم ہونے کا سوال ہی نہیں پیدا ہوتا۔

یہاں کے کولڈ اسٹوریج میں مینڈکوں کے دستِ بازو بھی دیکھنے کا اتفاق ہوا۔ یہ دستِ بازو بھی کافی تندرست و توانا تھے۔ معلوم ہوا یہ باہر کے ملکوں میں بھیجے جاتے ہیں۔ کہتے ہیں مینڈک کا گوشت جو بھی کھا لیتا ہے اُسے عمر بھر زکام نہیں ہوتا۔ کیوں کہ خود مینڈک کو زکام نہیں ہوا کرتا، یہ بات ہماری سمجھ میں آ گئی۔ مینڈک کی دوسری اور اہم خصوصیت یہ ہے کہ یہ تنہا جانور ہے جو پانی میں بھی زندہ رہتا ہے اور خشکی پر بھی، اس کی پیدائش البتہ پانی میں ہوتی ہے' اسی لئے بڑا ہو کر جب یہ خشکی پر آ جاتا ہے تو صرف مخصوص ضروریات کے لئے پانی میں واپس جاتا ہے۔ اس کے پیر اس لئے برآمد کئے جاتے ہیں کہ مینڈک میں صرف ہوتے ہی پیر ہیں باقی جو کچھ بھی ہوتا ہے بھرتی کے شعر کی طرح ہوتا ہے۔

ترکاریوں میں یہاں بینگن کی پرورش پر بہت زور دیا جاتا ہے اور اسے بہت سمجھا بجھا کر پالا پوسا جاتا ہے۔ جمبو کا لقب چونکہ انڈوں کے لئے مخصوص ہو گیا ہے اس لئے انھیں جمبو بینگن نہیں کہا جا سکتا لیکن ہوتے یہ جمبو بینگن ہی ہیں۔ صرف ایک عدد بینگن کا سالن تیار کر لیا جائے تو پورے محلے کے افراد کے لئے کافی ہو جاتا ہے اسے پکانے کے لئے البتہ الگ سے چولہا تعمیر کرنا پڑتا ہے۔

١٩

خاص دیگ بھی بنوانی پڑتی ہے لیکن بینگن کھانے ہیں تو یہ سب کرنا ہی پڑے گا۔ ہمیں یہ بھی بتایا گیا کہ اگر اچھے بینگن کھانے ہیں تو حیدرآباد جانا چاہیے۔ یہ بھی کہا گیا کہ وہاں لوگ کشمیری نہیں بگھارتے ، صرف بینگن بگھارتے ہیں ۔

پھلوں میں کافی بڑے سائز کے کیلے بھی نظر آئے ، پہلے تو ہم سمجھے یہ کیلے ناپ کر بیچے جاتے ہوں گے لیکن یہ بھی عدد کے حساب سے بکتے ہیں ۔ یہ کیلے یہاں نہیں پیدا ہوتے ۔ ہندوستان میں ایک مقام ہے کیسرالا ۔ یہ کیلے وہیں سے آتے ہیں ۔ کیرالا کا ایک کیلا' عام سائز کے چھ کیلو سے کچھ بڑا ہی ہوتا ہے اور وہاں سے بمبئی پہنچنے تک موم کی طرح نرم ہوجاتا ہے لیکن اس کی قدر و قیمت میں کوئی کمی نہیں ہوتی ، لوگ اسے چھے روپے درجن خرید کر خوش ہوتے ہیں کہ سستے مل گئے۔

بمبئی میں بڑی بڑی چیزوں میں سب سے اہم چیز یہاں کی بڑی بڑی باتیں ہیں۔ ہندوستان یعنی دلی میں نیا سال جمی کارٹر کے آنے سے شروع ہوا۔ پہلے تو ہمیں افسوس ہوا کہ اس موقع پر ہم دلی میں نہیں بمبئی میں تھے لیکن جب بمبئی میں ٹیلی ویژن پر ہم نے جمی کارٹر کے استقبالیہ کی کارروائی دیکھی تو خوشی ہوئی کہ ہم دلی سے ١١ یا ١٢ ہزار کیلو میٹر دور تھے ۔ انہیں وہاں میونسپل کارپوریشن کی طرف سے رام لیلا میدان میں ایک استقبالیہ دیا گیا تھا ۔ استقبالیہ کی کارروائی ہندی میں تھی ۔ باہر سے آنے والے مہریرابان ملک، پر یہ پابندی کاہے کہ اپنے استقبالیے کی تقریب کے دوران وہ مسلسل مسکراتے رہیں خواہ وہ کچھ سمجھیں یا نہ سمجھیں جمی کارٹر کیوں بھی مسکرانے کی کچھ عادت کا ہے ..(معلوم نہیں وہ کس کھیت کی مونگ پھلی کھایا کرتے ہیں) اس لیے انہیں اس محفل میں کبھی مسکرانے میں کوئی تکلیف

۲۰

نہیں ہوئی لیکن ان کی مسکراہٹ اُس وقت غائب ہوگئی جب وہ خود تقریر کرنے کھڑے ہوئے انھیں اپنی تقریر کے ہر جملے کے بعد، مائک سے ہٹ جانا پڑتا تھا کیونکہ ایک مہاشے ان کی تقریر کا ہندی میں ترجمہ کر رہے تھے۔ کہتے ہیں ایسا ترجمہ ہندوستان میں اس سے پہلے نہ کبھی ہوا تھا نہ کبھی سُنا گیا۔ اس ترجمے کی خوبی یہ تھی کہ اس کا جمی کارٹر کی تقریر سے کوئی تعلق نہ تھا۔ لیکن چونکہ یہ اُن کے شانہ بشانہ کھڑے رہ کر کیا گیا تھا۔ اس لئے سمجھنا چاہیے کہ یہ انھیں کی تقریر کا ترجمہ تھا۔ اس پروگرام کو اور زیادہ دلچسپ بنایا جاسکتا تھا۔ انھیں مترجم صاحب سے کہا جاتا کہ ہندی تقریروں کا انگریزی ترجمہ بھی سناؤ تو ہماری فارن پالیسی پر کافی اچھا اثر پڑتا۔ انگریزی زبان میں بھی کچھ اضافے ہوتے۔

جمی کارٹر کے یہاں جانے کے فوراً بعد ہی برطانیہ کے وزیر اعظم کیلہن یہاں آگئے۔ کیلہن بھی اپنے دورے کے درمیان کافی مسکرائے۔ انھوں نے بھی بچوں کو گود میں اٹھایا اور ثابت کر دیا کہ بچوں کو گود میں اُٹھانے کا قاعدہ صرف وہائٹ ہاؤس ہی میں نہیں ڈاوننگ اسٹریٹ نمبر دس میں بھی ہے۔

ہندوستان میں ہمیشہ سے قاعدہ رہا ہے کہ یہاں مقابلہ بہت ہوتا ہے۔ ہر چیز میں مقابلہ چاہے وہ ادب ہو یا فیشن، تجارت ہو یا سیاست، کھیل ہو یا تقریب اب یہ دونوں حضرات یہاں آکر واپس ہوئے تو یہ مقابلہ ہو رہا ہے کہ کس کا دورہ زیادہ کامیاب رہا۔ کیا یہ بھی کوئی مشاعرہ تھا۔ جس میں یہ طے کیا جائے کہ کون شاعر زیادہ کامیاب رہا اور کسے کم داد ملی۔ (غنیمت ہے کہ سربراہان ملک کے دوروں کے موقع پر ونس مور کے نعرے کا طریقہ رائج نہیں ہے) اب تو ہندوستان میں مرن برت کے بھی مقابلے ہونے لگے ہیں۔ ایک سوشیل ورکر

٢١

کہتا ہے کہ میں نے ١٩٤٠ء میں ٢٢ دن کا من برت رکھا تھا۔ تو دوسرا کہتا ہے کہ ٢٢ دن کا من برت بھی کوئی برت ہوا؟ میں ..... تو ١٩٤١ء میں ٢٤ دن تک من برت رکھتا رہا اور میرا کچھ نہیں بگڑا (من برت یہاں ہمیشہ ایسے برت کو کہا جاتا ہے کہ جس میں برت رکھنے والے کا کچھ نہ بگڑے)

بمبئی میں تو ہم نے قوالی کے مقابلے بھی دیکھے قوالی ہماری زیادہ سمجھ میں نہیں آئی لیکن ہیں وہ شور بہت پسند آتا ہے۔ جو قوالی میں ہوا کرتا ہے، شروع شروع میں تو ہم یہ سمجھتے رہے کہ یہ شور ہی قوالی ہے لیکن پھر ہمیں سمجھایا گیا کہ نہیں۔ نیچ نیچ میں سگانے کی طرح جو چیز ہوتی ہے وہ قوالی ہے۔ ہمیں اپنی کم فہمی پر کافی ندامت ہوئی۔ قوالی کے مقابلوں میں ہمیں دوسری چیز جو بہت پسند آئی وہ سامعین کی طرف سے خراجِ عقیدت پیش کرنے کا طریقہ ہے۔ یہ خراجِ عقیدت رقم کی صورت میں پیش کیا جاتا ہے۔ دور سے یعنی اپنی جگہ پر بیٹھے بیٹھے اسٹیج پر روپے پیسے پھینکے جا سکتے ہیں لیکن صحیح طریقہ یہ ہے کہ آدمی اپنی جگہ سے اٹھے اور پورا راستہ طے کرکے نہایت ادب کے ساتھ روپے قوال کی خدمت میں پیش کرے۔ لیکن ان میں سب سے زیادہ وہ شخص قابلِ تعریف سمجھا جاتا ہے جو اپنی جگہ سے جھومتا ہوا اٹھے اور ناچتا ہوا اسٹیج کی طرف جائے۔ اسٹیج کے قریب پہنچ کر کم سے کم تین منٹ بھارت ناٹیم دکھلائے اور پھر نذر پیش کرے (حالانکہ ہونا یہ چاہیے کہ اس شخص کو اس کے ناچ کے سلسلے میں اسٹیج پر بیٹھنے والوں کی طرف سے نذرانہ پیش کیا جانا چاہیے۔ لیکن کہتے ہیں کہ گنگا الٹی بہا کرتی ہے)

قوالی میں تیسری چیز جو ہمیں بہت پسند آئی وہ مردوں اور عورتوں کا

مقابلہ ہے ۔ یہی ایک میدان نظر آیا جس میں مرد عورتوں کا مقابلہ کرنے میں خوف محسوس نہیں کرتے ۔ ان کی آواز یہاں کافی اونچی ہوتی ہے اور باجے کے شور میں بھی سنائی دیتی ہے ۔

بمبئی میں پچھلے دو ہفتوں سے سردی بھی شروع ہو گئی ہے اور سڑکوں پر جوڑے اور زیادہ قریب ہو کر چلنے لگے ہیں ۔ ان کے بیچ میں پہلے اتنا فاصلہ رہتا تھا کہ ہوا گزر سکے ۔ اب اس کی اجازت نہیں ہے ۔ بمبئی کی سردیاں ہوتی ہی اتنی مختصر ہیں کہ ان کا ذرا سا بھی حصّہ ضائع ہونے نہیں دیا جا سکتا ۔

بمبئی میں ہماری اچھی خاصی گزر رہی تھی ۔ بڑے بڑے سیاحوں سے ہم نے سُنا تھا کہ نیویارک کے بعد اگر کوئی معقول شہر ہے تو وہ بمبئی ہے ۔ سیاحوں کی باتوں پر ہم نے کبھی یقین نہیں کیا ۔ جہاں تک مبالغے کا تعلق ہے شاعروں اور سیاحوں میں یہ فرق ہے کہ سیاح بازی مار لیتے ہیں لیکن ان کی اس بات پر ہم اس لئے ایمان لے آئے کہ اوّل تو ہم نے نیویارک دیکھا نہیں اور دوسرے اس لئے کہ اگر وہ بھی بمبئی جیسا ہی ہے تو پھر کیوں اتنے پیسے خرچ کئے جائیں ۔ سیاحت ہمیشہ غریب ملکوں کی کرنی چاہیئے ۔ ہندوستان میں اسی لئے سیاحوں کی بہتات ہے ۔ کابل میں بھی سُنا ہے باہر کے لوگ ہمیشہ موجود رہتے ہیں ۔ تھوڑے سے روپے میں زیادہ سے زیادہ عیش کی سہولت ایسی ہی جگہوں پر ہوتی ہے خیر ہمیں ، ان مصلحتوں سے کیا کرنا ہے ۔

جی تو بہت چاہا کہ بمبئی میں کچھ دن اور گزار سے جائیں لیکن ہمارے گھر یعنی پرشین گلف سے خبر آئی کہ اسمگلنگ کا کاروبار دوبارہ شروع ہونے والا ہے اور یہ کہ ہمیں فوراً واپس ہونا چاہیئے ہم نے سوچا کہ

۲۳

ہندوستان سے رخصت ہونے سے پہلے کم سے کم تاج محل تو دیکھ لیا جائے۔

آگرہ شہر ہمارے جی کو نہیں لگا۔ اس شہر کو بھی خوبصورت بنایا جا سکتا تھا لیکن معلوم ہوتا ہے یہاں کے لوگوں کو پیٹھے کی مٹھائی کھانے ہی سے فرصت نہیں ہے۔ پیٹھا اصل میں ایک پھل ہوتا ہے جو تربوز کی طرح گول ہوتا ہے۔ ہر تربوز میں ایک کیلو گرام چھلکا اور ایک لیٹر پانی ضرور ہوتا ہے۔ پیٹھے میں صرف گودا ہوتا ہے۔ اس گودے کی مٹھائی بنتی ہے اور اتنی کثیر مقدار میں بکتی ہے کہ کیا اناج بکے گا۔ ہماری رائے میں تو پھل کے بجائے ترکاری کہنا چاہیئے لیکن جب انگریز ٹماٹر کو فروٹ کہتے ہیں تو اگر ہندوستان میں پیٹھے کو پھل کہا جاتا ہے تو اس میں ادب یا زبان کا کونسا ایسا نقصان ہے جو سہا نہیں جا سکتا۔

آگرے کی آدھی آبادی کو ہم نے پیٹھے کی تجارت میں مشغول پایا۔

آگرے کی دال موٹ بھی کھانے میں آئی یہ بھی کافی مشہور غذا ہے اور جو شخص دال موٹ نہیں کھاتا لوگ اس کے بارے میں مشکوک ہو جاتے ہیں۔ ہندوستان میں جتنے بھی شہر ہیں وہ سب کسی نہ کسی ڈِش کی وجہ سے مشہور ہیں مثلاً دِلّی کے اطراف واکناف میں ایک شہر ہے جس کا نام متھرا ہے متھرا کے پیڑے مشہور ہیں۔ متھرا جا کر اگر آپ وہاں کے پیڑے نہ خریدیں تو لوگ مارتے ہیں۔ کانپور کے جوتے مشہور ہیں (لیکن جوتے ڈش کی تعریف میں نہیں آتے) علی گڑھ کے تالے، میرٹھ کی قینچیاں اور جونپور کے قاضی مشہور ہیں (لیکن یہ چیزیں بھی ڈش کی تعریف میں نہیں آتیں) ہندوستان میں جگہ جگہ کراچی حلوہ بھی بِکتا ہے ہم سمجھتے تھے یہ کراچی سے بن کر آتا ہے لیکن

۲۴

یہاں آکر ہمیں معلوم ہوا کہ ہندوستان میں تو جاپان، امریکہ، جرمنی اور
برطانیہ سب ہی جگہ کا سامان بنتا ہے۔

تاج محل کی عمارت دیکھ کر ہماری آنکھیں کھل گئیں۔ ہمیں شبہ
ہے کہ یہ عمارت روزانہ دو دھ سے دھوئی جاتی ہے۔ اس عمارت کو تو
زمین اور آسمان کے بیچ کہیں ہونا چاہیئے تھا۔ تاریخ میں لکھا ہے کہ یہ عمارت
آدمیوں کی بنائی ہوئی ہے لیکن تاریخ میں سبھی باتیں سچ تھوڑ سے ہی لکھی
جاتی ہیں۔ ہمیں یہ سن کر تعجب ہوا کہ تاج محل میں خود کشی کی واردانیں کم
ہوتی ہیں۔ اتنے خوبصورت مقام پر تو آدمی بلاکسی وجہ کے بھی مر جائے
تاج محل، آگرہ کے بجائے جاپان وغیرہ میں ہوتا تو کم سے کم دس ایسی
واردانیں تو روزانہ ہوا کرتیں۔ دلی میں قطب مینار کی بھی یہی کیفیت ہے۔ یہاں
اس قسم کی عمارتوں پر نگرانی بہت ہوتی ہے۔ قطب مینار پر تو کسی آدمی کو تنہا
پھر نے بھی نہیں دیا جاتا۔ ایک چشم دید گواہ ساتھ بھیجا جاتا ہے۔ سنا ہے جب
دو آدمی ایک ساتھ اوپر جاتے ہیں تو ایک دوسرے کو کن انکھیوں سے دیکھتے رہتے
ہیں کہ دوسرا کہیں مجھ سے پہلے نہ کود پڑے۔

آگرے سے رخصت ہوتے ہوتے ہمارے آنسو نکل پڑے (نعمت
دو ہی تھے) ہیں اگر کبھی دوبارہ کہیں جانے کا موقع ملا تو ہم تاج محل ہی
دیکھنے آئیں گے۔ سنا ہے اس کی دیکھ بھال پر اب روپیہ بھی خرچ کیا جا رہا ہے
ہیں واپس ہونے کی جلدی تھی ورنہ ہمارا ارادہ تھا کہ ہم حیدرآباد
اور لکھنؤ میں زیادہ ٹھہرنے کیونکہ ایک دو ہفتے تو "پہلے آپ" "پہلے آپ" میں
خرچ ہو جاتے ہیں۔ یہ بات ہم ٹھیک سے سمجھ نہیں سکے۔ حیدرآباد کے سالار جنگ

میوزیم کی بہت تعریف سنی تھی۔ کہتے ہیں اکیلے ایک شخص نے نوادرات کا اتنا ذخیرہ جمع کر لیا تھا جو بڑی بڑی حکومتوں ہی سے ممکن ہو سکتا تھا۔ ہندوستان میں پہلے ہاتھیوں، گھوڑوں، بیلوں اور بھینسوں کو بھی چاندی سونے کے زیورات پہنائے جاتے تھے یہ زیور بھی اس میوزیم میں رکھے ہوئے ہیں لیکن جب ہم یہ میوزیم دیکھ ہی نہیں سکے تو سُنی سُنائی باتیں کیوں لکھیں۔ یہ دو جملے بھی جو ہم نے لکھ دیئے ہیں اپنی حسرت کے اظہار کے لئے لکھے ہیں۔

ہندوستان کے شہروں میں سے بنارس جانے کی بھی خواہش تھی۔ ہندوستان کا یہ تنہا شہر جو یہاں تین ناموں سے مخاطب کیا جاتا ہے۔ ہمارے ایک دوست، جنھیں اردو کے شاعروں اور شاعری سے بڑی دلچسپی ہے اور جنھوں نے اپنا کافی وقت ہمیں اردو شاعری سمجھانے پر ضائع کیا۔ ہمیں بتا رہے تھے کہ اُردو کے بڑے شاعر یا ادیب کو ہندوستان کے کسی نہ کسی شہر سے عشق تھا۔ اردو کے دو بڑے شاعر میر تقی میر اور ذوق کو دلّی بہت پسند تھی۔ غالب کو کلکتہ بہت بھاتا تھا اور وہ اس کی یاد میں شعر کہا کرتے تھے۔ شبلی صاحب کو بمبئی سے عشق تھا۔ معلوم نہیں ہمارے ان ادب نواز دوست کو یہ ساری باتیں کہاں سے معلوم ہو گئی تھیں۔ وہ تو اپنے بیان کے ثبوت میں ان سب شاعروں کے اشعار بھی سنایا کرتے تھے جو کبھی ہمارے پلّے نہیں پڑے۔ انھیں کی زبانی معلوم ہوا کہ اگر ہندوستان میں صبح دیکھنی ہے تو "صبح بنارس" دیکھنی چاہئیے لیکن ہمارے بہت پوچھنے پر بھی وہ یہ نہ بتا سکے کہ "صبح بنارس" کس شاعر کی ایجاد تھی۔ انھوں نے ہمیں یہ بھی بتایا کہ یہاں کے شاعروں نے راتیں، شامیں اور صبحیں اسی طرح مختلف شہروں کے نام لکھ دی ہیں۔ شام کے بارے میں شاید انھوں نے

بتایا تھا کہ یہ صرف اودھ میں ہوا کرتی ہے۔ (وہ اودھ کے کھانوں کی بہت تعریف کیا کرتے تھے) رات کے لئے انھوں نے 'مالوے' کا ذکر کیا تھا اور کہا تھا کہ رات میں جاگنا ہو یا سونا، دونوں کاموں کے لئے شب مالوہ سے بہتر کوئی چیز نہیں ہے۔ یہ بات بھی ہم ٹھیک سے سمجھ نہیں سکے۔

ہم اصل میں یہ کہنا چاہ رہے تھے کہ بنارس تین ناموں سے پہچانا جاتا ہے آم، پان اور ساڑیوں کے لئے بنارس مشہور ہے۔ یہ تینوں چیزیں سارے ہندوستان میں کھائی اور پہنی جاتی ہیں۔ بنارسی ساڑی کے بغیر تو عورت کا دلہن ہی بننا ممکن نہیں ہے۔ ہر شخص آموں کے موسم میں بنارسی لنگڑا ضرور کھاتا ہے۔ اور جسے بھی سڑک پر تھوکنا ہوتا ہے۔ وہ بنارسی پان کھا کر ہی تھوکتا ہے۔ مندروں کا ذکر آئے گا تو یہی شہر کاشی کہلائے گا۔ تیرتھ یاترا کو جانے والے لوگ بنارس کبھی نہیں جاتے کاشی ہی جایا کرتے ہیں اور ریل جاتی ہے تو صرف وارانسی جاتی ہے۔ ریلوے ٹائم ٹیبل میں نہ بنارس ہے نہ کاشی۔ صرف وارانسی ہے بلکہ ٹرین کا لقب ہی وارانسی اکسپرس ہے۔ افسوس ہے کہ ہم ایسے دلچسپ شہر کی زیارت نہیں کر سکے۔

ہم ایک مرتبہ ہندوستان اور آئیں گے اور اب کی بار آئے تو واپس نہیں جائیں گے۔

■■

۲۷

ایک پردیسی کا سفرنامۂ ہندوستان

—(سفر نمبر ۲)—

اتفاق دیکھئے کہ ہمیں پھر ہندوستان آنا پڑا اور اچانک ۔ ہمارے وہم و گمان میں بھی نہ تھا کہ ہمیں اس قدر جلد یہاں دوبارہ آنے کا موقعہ مل جائے گا۔ پچھلی مرتبہ جب ہندوستان آئے تھے تو زیادہ گھوم پھر نہیں سکے تھے ۔ اس ملک کی سیاحت کے لئے تو ایک عمر چاہیئے ۔ یہ ملک کہاں ہے ، اچھا خاصہ بر اعظم ہے ۔ ہماری جغرافیہ کچھ زیادہ اچھی نہیں ہے اس لیئے ہمیں یہ معلوم نہیں ہے کہ دُنیا کو صرف ۶ بر اعظموں میں تقسیم کرنے کا پلان کب بنا تھا اور کس نے بنایا تھا ۔ اس نقشے کا مصوّر کوئی واحد شخص تھا یا یہ معاملہ کسی سہ رکنی کمیشن نے طے کیا تھا ۔ بہرحال جو کچھ بھی ہو ۔ اس شخص یا کمیشن نے ایسا معلوم ہوتا ہے تفریح زیادہ کی اور کام کم کیا۔ (یہ طریقہ ازل سے چلا آرہا ہے) اگر یہ کام زیادہ توجہ

۲۸

اور ایمانداری سے انجام پاتا تو ہندوستان کو یقیناً بر اعظم قرار دیا جاتا ۔۔۔۔۔۔ خیر اب یہ بہت پُرانی بات ہوگئی اور اس قسم کی بنیادی غلطیاں تو ہر معاملے میں ہوتی ہی ہیں۔ ان سب غلطیوں کو ٹھیک کرنا اب ممکن نہیں ہے ۔ اس کام کے لئے آبادی میں مزید اضافے کی ضرورت ہے ۔

ہمارے ہندوستان دوبارہ آنے کا مقصد وہی تجارت ہے جسے یہاں اسمگلنگ کہا جاتا ہے ۔ یہاں تو اچھے خاصے رویے کو بھی کالا روپیہ کہا جاتا ہے حالانکہ اس روپے کے علاوہ اب دوسرا روپیہ خال خال ہی نظر آتا ہے ۔ سُنا ہے یہاں اور چیزوں کی قیمتوں کی طرح وائٹ روپے کے دام کافی اونچے ہیں ۔ بہت سے دولت مند لوگ تو اپنا کاروبار صرف اس لئے نہیں پھیلا سکتے کہ وائٹ روپے کے معاملے میں ان کا ہاتھ تنگ ہے ۔ ایک اور محاورہ یہاں سننے میں آیا جو تقریباً ہر شخص کی زبان پر ہے ۔ وہ محاورہ ہے ۔ انڈر ٹیبل روپیہ ۔۔۔۔۔۔ انڈر ٹیبل روپے کے بارے میں گفتگو میز پر ہی ہوتی ہے لیکن روپیہ میز پر نہیں رکھ جاسکتا ۔۔۔۔۔۔ ہمیں بتایا گیا کہ یہاں اب بھی کئی لوگ ایسے ہیں جو اس تہہ میزی روپے سے پرہیز کرتے ہیں لیکن انھیں اچھی نظر سے نہیں دیکھا جاتا ۔ یہ لوگ کسی کام کے نہیں ہوتے ۔

اس مرتبہ ہندوستان میں اجنبی پن محسوس نہیں ہوا ۔ اس کی بڑی وجہ یہ ہے کہ ہمیں یہاں کی زبان بولنی آگئی۔ ہم نے اپنے دوستوں سے پرشین گلف میں خوب خوب اردو سیکھی اور اب ہمارا اس زبان میں شاعری کرنے کا بھی ارادہ ہے ۔ یہاں کا عام دستور ہے کہ زبان کوئی سی ہو ذرا سی بھی آجائے تو اُس میں شاعری ضرور کی جاتی ہے خاص طور پر اُردو اور ہند کئی یہں یہ بہت ضروری ہے۔

۲۹

اردو شاعری کے بارے میں البتہ ہمارے دوست ہمیں بتا رہے تھے کہ صرف شاعری سے کوئی خاص فائدہ نہیں ہوگا ترنم بھی سیکھنا چاہیئے۔ وہ بھی سیکھ لیں گے۔ ہمیں فرصت ہی فرصت ہے کہتے ہیں کہ ترنم شاعری سے زیادہ مشکل چیز ہے۔ اس میں سب سے زیادہ مشکل بات یہ ہے کہ ترنم اپنا ذاتی ہوتا ہے جبکہ شاعری کا ذاتی ہونا ضروری نہیں ہے۔ (یہ نکتہ ہماری سمجھ میں آگیا ہے)

ہمیں اپنے اس دورے میں ہندوستان کے کئی شہر دیکھنے کا موقعہ ملا۔ یہاں شہروں کے بھی گریڈ مقرر ہیں۔ بعض شہر اے گریڈ ہیں تو بعض بی گریڈ ہوٹلوں اور شہروں میں فرق صرف اتنا ہے کہ ہوٹلوں میں باضابطہ ایک تختی لگانی پڑتی ہے جس پر ہوٹل کا گریڈ درج ہوتا ہے جب کہ شہروں کے معاملے میں یہ پابندی نہیں ہے۔ صرف ویلکم بورڈ لگا دینا کافی ہوتا ہے (چاہے شہر میں سلوک کیسا ہی کیا جاتا ہو!)

اپنے کاروبار کے سلسلے میں اس مرتبہ ہمیں بار بار پونا جانا پڑا۔ اس شہر کا صحیح تلفظ "پونے" ہے۔ (پہلے تو ہم یہ سمجھے کہ یہ پونا کی جمع ہے، جیسے لڑکا۔ لڑکے، بکرا۔ بکرے۔ لیکن معلوم ہوا یہ جمع نہیں واحد ہے۔ پہلے یہاں ایک مقام تھانہ بھی ہوا کرتا تھا اب اسے بھی تھانے کہا جاتا ہے پہلے جو نام تھے وہ غلط تھے ـــــ اس قسم کی غلطیوں کو درست کرتے رہنا یہاں کی پسندیدہ ہابی ہے۔

پونے بمبئی سے کوئی سو سوا سو میل کے فاصلے پر ہے اس لیئے جو لوگ بمبئی میں رہتے ہیں وہ پونے میں ملازمت یا کاروبار کرتے ہیں اور جو لوگ پونے میں رہتے ہیں وہ بمبئی میں ملازمت کرتے ہیں۔ ان کے علاوہ

۳۰

اور بھی لوگ ہیں جو روزانہ بمبئی سے پونے اور پونے سے بمبئی، اپ ڈاؤن کرتے رہتے ہیں ۔ یہ معاہدہ برسوں پہلے ہوا تھا جس پر نہایت ایماندارانہ طریقے سے عمل کیا جاتا ہے ۔

بمبئی سے پونے کے سفر کے لئے ہوائی جہاز، ریل گاڑیاں اور بسیں تو خیر ہیں ہی ۔ ان کے علاوہ ٹیکسیاں بھی ہیں جو ہر پانچ منٹ پر بھل جاتی ہیں۔ کہتے ہیں کہ ہندوستان میں ایک مرتبہ ملک بھر میں ریل ہڑتال ہو گئی تھی (ہو گئی تھی مطلب اہتمام کے ساتھ کی گئی تھی) اس اسٹرائیک کے زمانے میں پونے اور بمبئی کے درمیان ٹیکسی گاڑیاں دوڑائی جاتے لگیں ۔ کیونکہ دنیا کے سب کام رک سکتے ہیں ۔ لیکن بمبئی اور پونے کے درمیان اپ ڈاؤن نہیں رک سکتا اسٹرائیک تو خیر ختم ہوگئی لیکن ٹیکسی کا سفر کچھ اتنا مقبول ہوا کہ اب سارا راستہ ٹیکسیوں ہی سے بھرا رہتا ہے ۔ پونے کا سفر ہمیشہ کار سے کرنا چاہیئے ۔ گھاٹ پر مزا آتا ہے ۔ یہ گھاٹ زمین سے کافی بلندی پر ہے ۔ پہلی مرتبہ ہم اس گھاٹ پر چڑھتے تو یہ سمجھے کہ بس ادھر ہی اوپر ہی چلے جائیں گے لیکن اس میں دوسری طرف اترنے کا بھی انتظام ہے جو ہمیں پسند آیا ۔ چڑھائی اور اترائی دونوں معقول حد تک خطرناک ہیں ۔ اس چڑھائی پر ایسے ایسے موڑ آتے ہیں کہ کیا کسی کی زندگی میں آئیں گے ۔ کہیں کہیں تو ایسا معلوم ہوتا ہے جیسے راستہ سر پر رکھا ہوا ہو ۔ اترائی کا بھی یہی حال ہے ۔ راستہ سامنے نظر نہیں آتا ۔ ادب سے تھک کر دیکھنا پڑتا ہے ۔ راستے کے دونوں طرف گہری گہری کھائیاں ہیں ۔ ان کھائیوں کو دیکھ کر اندازہ ہوتا ہے کہ آدمی کتنا نیچے گر سکتا ہے ۔ بلکہ بعض لوگوں کو تو کھائیوں کی بھی ضرورت نہیں

ہوتی۔ موٹر چلانے کا صحیح امتحان اسی گھاٹ پر ہوتا ہے۔ ہماری رائے ہے کہ روڈ ٹرانسپورٹ ڈپارٹمنٹ کا آفس اس گھاٹ پر ہونا چاہیئے اور جو شخص بھی وہاں اپنی موٹر میں پہنچ جائے اسے موٹر چلانے کا لائسنس، فیس کے ساتھ نہیں "تحفتاً" دیا جانا چاہیئے (لیکن معلوم ہوتا ہے سرکاری دفاتر میں تحفے دیئے جانے کا رواج نہیں ہے) ہمیں اس راستے پر ہر سفر میں دو چار ٹرک اُلٹے پڑے نظر آئے۔ ہم ٹھیک سے نہیں کہہ سکتے کہ یہ ٹرک یہاں برسوں سے پڑے ہوئے ہیں یا روزانہ تازہ ٹرک اُلٹتے ہیں۔ یہاں ہر ٹرک کی پشت پر انگریزی میں یہ لکھا ہوتا ہے "براہِ مہربانی ہارن بجایئے" لیکن ٹرک ڈرائیور کے کانوں تک کسی ہارن کی آواز نہیں پہنچ سکتی۔ کیونکہ خود ٹرک کے انجن سے صورِ اسرافیل کی آواز آتی ہے۔ بعض گاڑیوں پر اُردو اشعار بھی لکھے نظر آئے مثلاً:

اب تو جاتے ہیں میکدہ سے میر
پھر ملیں گے اگر خدا لایا

ہمارے دو اُردو داں دوستوں میں تو اس شعر پر گرما گرم بحث ہوگئی (یہ دونوں اُردو داں دوست صرف اردو داں ہی نہیں شعر خواں بھی تھے) ایک نے اعتراض کیا، اس شعر کا پہلا مصرعہ یوں ہونا چاہیئے تھا ؎

اب تو جاتے ہیں میکدے کو میر

دوسرے نے کہا میر ایسی غلط زبان نہیں لکھ سکتے تھے۔ پہلے نے کہا، میں زبان پر توجہ نہیں دے رہا ہوں۔ میں تو یہ کہہ رہا ہوں، یہ شعر میکدہ جاتے وقت بہتر معنی دیتا ہے۔ دوسرے دوست نے کہا لیکن شعر میں میکدے کا لفظ ہے ہی نہیں میر نے "بُت کدے" کا لفظ استعمال کیا ہے۔ ہم نے پوچھا "یہ بُت کدہ کیا ہے؟"

دونوں ایک ساتھ بولے۔ تم ادبی معاملوں میں دخل مت دیا کرو۔ باہر سینری دیکھو ہمیں بھی سینری دیکھنے میں زیادہ لطف آتا ہے۔ ہمیں اتنا البتہ معلوم ہو گیا ہے کہ یہاں میرؔ اور غالبؔ دو شاعر ایسے گزرے ہیں جن کے کم سے کم دو شعر ہر شخص ضرور یاد رکھتا ہے اور اس پر دل کھول کر بحث کرتا ہے۔ کاش یہ طریقہ سب ملکوں میں رائج ہوتا۔ اس طرح سفر ہی نہیں زندگی بھی آسانی سے کٹتی ہے لیکن ہر ملک میں میرؔ اور غالبؔ پیدا نہیں ہوا کرتے۔

پونے سے بمبئی تک کا راستہ ہمیشہ ریس کورس بنا رہتا ہے۔ گھاٹ پر خیر، تیز رفتاری کا مظاہرہ نہیں کیا جاسکتا لیکن گھاٹ کے اُدھر (یہ بھی تقریباً گھاٹ ہی ہوا) موٹریں اور گاڑیاں اس تیزی سے بھاگتی اور دوڑتی ہیں جیسے کوئی مقابلہ ہو رہا ہو یہ راستہ چھوٹے چھوٹے شہروں اور آبادیوں سے بھی گزرتا ہے لیکن کیا مجال کہ کسی گاڑی کی رفتار میں فرق آجائے۔ سڑک پار کرنے والے آنکھیں بند کر کے سڑک پار کرتے ہیں۔ آنکھیں کھلی رکھنے کی ہمت ان میں نہیں ہوتی۔ خود کو حادثے کا شکار ہوتا کون دیکھ سکتا ہے۔ لیکن اب سڑک پار کرنے والے لوگ بھی برق رفتار ہو گئے ہیں اپنی جان کسے پیاری نہیں ہوتی۔

پونے کے راستے میں پونا والہ اور کھنڈالہ بہت خوب صورت جگہیں ہیں۔ ہرے بھرے درختوں کے گھنے سایوں میں چھوٹے چھوٹے بنگلے اور کاٹیج دیکھ کر ہمارے ایک دوست نے ہمیں غالبؔ کا مصرعہ سُنایا:

خیاباں خیاباں ارم دیکھتے ہیں

مطلب بھی سمجھایا۔ غالبؔ کی بڑائی کے ہم قائل ہو گئے لیکن ہمارا خیال ایسے حسین وجمیل مقامات پر اینٹ پتھر لوہے اور سمنٹ کے مکانات نہیں بننے

چاہئیں۔ جاپانیوں کی طرح لکڑی کے بنے مکانوں میں رہنے کی عادت یہاں کے لوگوں کو بھی اپنانی چاہیئے۔ جاپان کتنا اچھا ملک ہے۔ لوہے اور سمنٹ کا جھگڑا ہی نہیں ہندوستان میں سمنٹ کے بوروں کے لیئے لوگ جان کی بازی لڑا دیتے ہیں۔ مہینوں تپسیا اور ریاضت کرتے ہیں تب کہیں جاکر ایک بوری سمنٹ کا دیدار نصیب ہوتا ہے۔ لوناولہ اور کھنڈالہ کی سبزی دیکھ کر ہمارا جی خوش ہوگیا۔ ایک مرتبہ تو ہمیں شُبہ ہوا کہ ہم ہندوستان میں ہیں بھی یا نہیں۔ لوناولہ کی سبزی اتنی مشہور نہیں جتنی یہاں کی چکّی مشہور ہے۔ چکّی کو جتنا کیڈبری کہنا چاہیئے۔ یہ چکّی سارے ہندستان میں بھیجی اور بیچی جاتی ہے۔ دِلّی اور آگرے کی گجک کا جواب یہی چکّی ہے۔ کانپور کی ریوڑیوں کا بدل یہی چکّی ہے۔ بنارس کے لڈّوؤں اور متھرا کے پیڑوں کی تجارت کو نقصان پہنچانے والی یہی چکّی ہے جو بھی لوناولہ جاتا ہے چکّی کے ۱۰ پیکٹ ضرور خریدتا ہے۔ کئی لوگ تو گھر سے نکلتے وقت کوئی سامان ساتھ لے کر نہیں جاتے کیونکہ انھیں واپسی میں چکّی کے پیکٹ خریدنے ہوتے ہیں۔ ہم نے بھی اس کا ذائقہ چکھا جس طرح بعض ادیبوں اور شاعروں کو ان کی حیثیت سے زیادہ شہرت مل جاتی ہے یہی حال اس چکّی کا ہے۔ دِلّی کی گجک، آگرے کے پیٹھے اور متھرا کے پیڑوں کی بات اور ہے۔

ایک مرتبہ ہم گرمیوں کے دنوں میں اسی راستے سے گزرے تو سڑک کی دونوں طرف یعنی سڑک سے ذرا ہٹ کر تربوزوں کی دوکانوں کی دکانیں نظر آئیں اور ان میں ایسے ایسے تربوز نظر آئے کہ اٹھائے نہ بنے۔ یہ یہاں کا خاص نہیں بلکہ خاص الخاص پھل ہے۔ تربوز بے حد وسیع اور فراخ ہوتا ہے اور اس کے لئے اتنے ہی بڑے ملک کی ضرورت ہے۔ ان دوکانوں میں جو تربوز نظر آئے

دیسے سُرخ اور تر و تازہ تربوز شاید ہی کہیں اور ہوتے ہوں۔ دکانوں پر ترشی ہوئی قاشیں رکھی رہتی ہیں اور ساری دوکان ہو لہان نظر آتی ہے۔ سرخابوں سے سجی ہوئی یہ دوکان، بس چار دن کی چاندنی کی طرح ہوتی ہے۔ ہمارے دوستوں نے جب بھی دو چار تربوز خریدے ٹیکسی کی ڈکّی لبریز ہوگئی۔ اس واردات پر کسی نے ایک شعر سنایا تھا جس کا بس ایک ہی لفظ ہمیں یاد رہ گیا۔ تنگ دامانی یا اسی قسم کا کوئی لفظ تھا۔ مطلب یہ تھا کہ ڈکّی کو اپنے مختصر ہونے کا افسوس ہوا (ہمیں بھی ہوا)۔

انجیر بھی بکثرت دکھائی دیئے۔ یہ پھل ہمیں زیادہ پسند ہے چھوٹا ہے کیا ہوا۔ یہ پھل مختصر ہے لیکن جامع انجیروں کو درختوں پر لگا ہوا دیکھنا چاہیئے۔ انجیر کے درخت خود بہت معقول ہوتے ہیں مناسب قد و قامت کے لوگ بھی چاہیں تو آسانی سے انجیر توڑ لیں۔ یہ نہیں کہ سیڑھی لگائی جارہی ہے اور ایک ایک پھل کے لئے ورزش ہورہی ہے۔ یہ تو درخت کی بات ہوئی۔ اب رہے انجیر تو یہ جب پکنے پر آتے ہیں تو بے ساختہ باچھیں کھول دیتے ہیں۔ یہ کلی کی مسکراہٹ نہیں، باضابطہ قہقہہ ہوتا ہے۔ کسی فلسفی نے ہم سے کہا تھا کہ آدمی نے ہنسنا اسی طرح سیکھا تھا ہم نے یہ سن کر اسی وقت اس فلسفی سے بحث کرلی تھی اور اسے شکست فاش دی تھی۔ ہمارا اعتراض یہ تھا کہ آدمی ہنسنے کے لیئے اتنی دیر ٹھیر نہیں سکتا۔ پختہ عمر کو پہنچنے کے بعد ہنسنا بھی کوئی ہنسنا ہوا۔ اس وقت تو آدمی کھسیایا کرتا ہے (ہندوستان میں کھسیانا عام ہے۔ ہم نے سُنا یہاں بلّیاں بھی کھسیانی ہوا کرتی ہیں) ہندوستان میں ہنسنے کا رواج ذرا کم ہی ہے۔ یہاں لوگ سنجیدہ ہی نہیں رہتے۔ دن رات منہ پھلائے رہتے ہیں۔ کسی نے اطلاع دی کہ منہ پھلائے

رکھنا یہاں دانشوری کی علامت ہے لیکن ہماری عقل کہتی ہے کہ یہ خبر اخباری ہوگی۔ زرد صحافت کس ملک میں نہیں ہوتی لیکن ہندوستان میں زبانی زرد صحافت ذرا زیادہ ہی ہے۔ جب ہم نے اپنے اس خیال کا اظہار اپنے دوستوں سے تو انھوں نے یوں تصحیح کی کہ زبانی زرد صحافت کو صحافت نہیں فصاحت کہا جاتا ہے۔

ایک اور نئے قسم کا پھل ہمیں نظر آیا۔ گول گول اور بیضوی۔ سیاہی مائل رنگ جس میں قرمزی رنگ کی جھلک ہو۔ اسے یہاں جامن کہتے ہیں۔ ایسے تروتازہ اور دلچسپ پھل ہماری طرف ہوتے ہی نہیں۔ اس پھل کے نام پر تو یہاں جامنی رنگ رواج پاگیا۔ جامن کی سب سے بڑی خوبی یہ ہے کہ یہ اس جادو کی طرح ہوتا ہے جو سر چڑھ کر بولتا ہے مطلب یہ ہے کہ اسے کھاؤ تو زبان جامنی ہوجاتی ہے اور گھنٹوں جامنی رہتی ہے۔ ہم نے تو جب بھی جامن کھائے۔ ہر پانچ منٹ کو اپنی زبان باہر نکال کر دیکھ لی۔ اس میں بھی مزہ آیا۔ ایسے چغلی کھانے والے پھل یہاں بہت ہیں۔ لیکن ان میں جامن کا سا ذائقہ نہیں۔ جامن کھانے کا صحیح طریقہ یہ ہے کہ ایک پلیٹ میں جو گہری ہو جامن رکھو اور نمک چھڑکو (جیسے زخموں پر چھڑکا جاتا ہے) اس پلیٹ کو ایک اور پلیٹ سے ڈھانک دو اور دونوں کو دونوں ہاتھوں سے اٹھا کر خوب ہلاؤ تھک بھی جاؤ تو پروا مت کرو اور ہلاتے ہی رہو۔ ۱۰ منٹ تک ہلانے کے بعد رُک جاؤ اور جامن والی پلیٹ یعنی گہری پلیٹ کو کھول کر دیکھو۔ جامنوں کا لباس تار تار ہوگا اور سارا نمک ان جامنوں میں انٹرومینس انجکشن کی طرح جذب ہوچکا ہوگا۔ اب جامن کھاؤ اور دیکھو ذائقہ کیا چیز ہوتا

ہے ۔ ہم نے تو سنا کہ یہاں جامنوں سے علاج بھی کیا جاتا ہے ۔ جامن کی گٹھلی جامن کے درخت کی چھال اور جامن کے درخت کی جڑیں حکیموں کی جان اٹکی رہتی ہے ۔ مطلب یہ کہ حکیم اِن سب چیزوں پر اپنی جان چھڑکتے ہیں اور مریضوں کو چٹکی بجاتے اچھا کر دیتے ہیں (فیس میں رقم بھی معقول لیتے ہیں لیکن اتنی نہیں کہ ڈاکٹر دکھائی دینے لگیں) اب کہ ہم پریشین گلف گئے تو کم از کم دو ڈرم جامن ضرور ساتھ لے جائیں گے ۔ ہاں خوب یاد آیا۔ ایک مرتبہ ہم اپنی جامنی زبان کے نظارے سے لطف اندوز ہو رہے تھے تو ہمارے ایک ادب نواز دوست نے ایک مصرعہ پڑھا ؏

رنگ لانا ہے یہ پھل مُنہ میں پس جانے کے بعد

پھر انہوں نے ہمیں سمجھایا کہ اصل مصرعہ مہندی کے بارے میں کہا گیا ہے

؏　　　رنگ لاتی ہے حنا پتھر پہ پس جانے کے بعد

مہندی کا درخت بھی ہم نے یہیں دیکھا۔ یہ عجیب و غریب ملک ہے بہیں تو یہاں پر ہر جگہ جادو ہی جادو نظر آتا ہے ۔ مہندی کے درخت کی ہری ہری پتیاں پیس کر یہاں کے لوگ ہاتھوں میں لگاتے ہیں ۔ یہ ہرے رنگ کا مسالہ رات بھر ہاتھوں میں لگا رہتا ہے اور صبح دھویا جاتا ہے ۔ ہاتھ سرخ ہو جولتے ہیں بالکل گلنار۔ یہ یہاں کا حسین ترین سنگھار ہے ۔ اسے مہندی رچانا کہتے ہیں دلہنوں کے ہاتھوں میں مہندی ضرور بالضرور رچائی جاتی ہے ۔ اپنے اِنہیں مہندی لگے ہاتھوں سے اپنا چہرہ چھپا کر دلہنیں شرماتی ہیں ۔ دستِ حنائی کی تعریف میں یہاں سینکڑوں اشعار کہے گئے ہیں جو لوگوں کو منہ زبانی یاد ہیں ۔ اب تو مہندی لگانا ایک آرٹ ہو گیا ہے ۔ ہتھیلیوں پر بیل بوٹے بنائے جاتے ہیں ۔

۳۷

انگلیوں کی پوروں پر چاند تارے درج کئے جاتے ہیں ۔ اچھے اچھوں کو صرف
ان ہاتھوں سے قتل ہونے کی خواہش میں مرتے دیکھا ہے ۔ (لیکن انہیں قتل کر کے
کون رنگے ہاتھوں پکڑے جانے پر تیار ہوگا) اس مرنے کو یہاں شہید ہونا کہا جاتا
ہے (شہادت کی ایسی سہولت اور کسی ملک میں دستیاب نہیں ہے)

ہم کہاں سے کہاں بہک گئے ۔ کہنا چاہ رہے تھے پونے کی بات ادر
چل پڑی جا منوں اور مہندی کی بات ۔ پونے اچھا خاصا بڑا شہر ہے اور دن
بدن بڑا ہوتا جا رہا ہے کہتے ہیں آج سے ۱۰،۲۰ سال پہلے تک یہ بڑا پُرسکون
شہر تھا اور جو بھی اپنے کاروبار سے دست بردار ہوتا یا ملازمت سے وظیفے پر
بھیجا جاتا ۔ پونے میں زندگی گذارنے کا خواہش مند ہوتا پونے عرصے تک وظیفہ
یابوں کا شہر کہا جاتا رہا ۔ یہ مقام بمبئی کے مقابلے میں ٹھنڈا ہے (یہ بات ہیں
مبالغہ آمیز نظر آئی) آب و ہوا بہتر ہے (یہ بھی ہیں افواہ معلوم ہوئی) بمبئی کے
مقابلے میں پونے سستا ہے (یہ سراسر بہتان ہے) پونے میں اتنی بھاگ بھاگ
نہیں ہے جتنی بمبئی میں ہے (یہ کچھ کچھ ٹھیک ہے) ۔

پونے میں کنٹونمنٹ یعنی چھاؤنی کا علاقہ بھی ہے اور ہم سے کہا گیا ہے
کہ صفائی دیکھنا ہو تو چھاؤنی کا علاقہ دیکھنا چاہیئے ۔ ہم چھاؤنی کے علاقے میں
ضرور گئے لیکن صفائی دیکھنے کی غرض سے نہیں (صفائی ہم نے بہت دیکھی ہے)
یہاں کا سب سے مشہور علاقہ دکن ہے ۔ اس شہر میں ایک جِمخانہ ہے جس
کا نام دکن جِمخانہ ہے اس لیئے پورا علاقہ دکن دکن مشہور ہو گیا ہے ۔ پونے
کی ساری آبادی دن میں دو ورنہ ایک مرتبہ دکن ضرور جاتی ہے ۔ یہ یہاں کا
قاعدہ ہے ۔ شام کے وقت تو یہاں کان پڑی آواز نہیں سنائی دیتی ۔ پورا علاقہ

آٹورکشاؤں سے پٹ جاتا ہے اور آٹو رکشا وہ سواری ہے جس میں سائیلنسر نہیں لگایا جاتا۔ اس سواری میں جو ہارن لگائے جاتے ہیں ان کی آواز کچھ ایسی خوفناک ہوتی ہے کہ راہ گیر خود اُچھل کر پرے ہٹ جاتے ہیں۔ پونے میں آدمیوں اور آٹورکشاؤں کی تعداد برابر برابر ہے۔

پونا شہر اچھا خاصا ہرا بھرا شہر ہے۔ ہم جب بھی کمپاونڈ اور صحن والا گھر دیکھتے ہیں نوٹ پوٹ جاتے ہیں۔ ایسا محسوس ہوتا ہے کہ دُنیا ابھی تنگ نہیں ہوئی ہے۔ لیکن آثار بتا رہے ہیں کہ یہ وسعت اور فراخی بس چند سالوں کی مہمان ہے۔ فلیٹ بننے شروع ہو گئے ہیں۔ فلیٹ ہمیں صرف اس لئے بھاتے ہیں کہ لوگ ایک دوسرے کے بہت قریب آجاتے ہیں۔ دوسرے کے گھر میں کیا پک رہا ہے یا کیا ہو رہا ہے آپ بالمشافہ دیکھ سکتے ہیں۔ آدمیوں کو اتنے قریب قریب تو رہنا ہی چاہیئے ورنہ پھر برادری کیا ہوئی؟

پونے کے لوگ نیچر پرست نظر آئے۔ جو شخص بھی پودوں، پھولوں اور سبزہ زاروں میں دلچسپی لے گا، نیچر پرست کہلائے گا۔ اس سے زیادہ نیچر پرستی کی فرصت اب کسی کے پاس ہے بھی نہیں۔ ہر شخص ورڈز ورتھ تھوڑے ہی بن سکتا ہے لیکن جگہ جگہ پھولوں کی دکانیں اور ان دکانوں میں خریداروں کی بھیڑ دیکھ جی خوش ہو گیا۔ رنگ اور خوشبو بھی کیا چیز ہے چہرے بھی گلاب سے کھلے دیکھے۔

ہم نے آثارِ قدیمہ، میوزیم، باغ، پارک بہت دیکھے ہیں اس لئے ہم کوئی اور چیز دیکھنا چاہ رہے تھے وہ ہم نے دیکھ لی۔ پونے فلم انسٹی ٹیوٹ سے یہ ٹی وی انسٹی ٹیوٹ بھی ہے ہمارے دوستوں میں سے ایک دوست یہاں

کسی صاحب کو جانتے تھے بس ان سے ملاقات کے بہانے ہم چلے گئے۔ یہاں پہرہ اور قاعدہ قانون سخت ہے۔ دروازے ہی پر آنے جانے والوں کے نام لکھے جاتے ہیں۔ اندر آنے کی وجہ، علت اور اسباب پوچھے جاتے ہیں۔ حلیئے اور لباس وغیرہ پر بھی تھوڑا بہت غور کیا جاتا ہے۔ اس انتظام کا ہم پر کافی رعب پڑا۔ اس انسٹی ٹیوٹ میں ہاسٹل بھی ہیں اور عمارت دور تک پھیلی ہوئی ہے۔ ایک فلم اسٹوڈیو بھی دیکھنے کا موقعہ ملا۔ یہ شانتارام اسٹوڈیو ہے جو پونا کا واحد اسٹوڈیو ہے اور ہندوستان کا ایک تاریخی اور اہم اسٹوڈیو مانا جاتا ہے۔ (یہاں لوگ شانتارام کا نام ذرا ادب سے لیتے ہیں) یہاں ہم نے ایک کینٹین میں چائے پی۔ اس کینٹین کے متعلق ہمیں بتایا گیا کہ اس کینٹین میں فلاں ہیروئن اس کرسی پر بیٹھ کر چائے پیتی تھی اور فلاں ہیرو اس کونے میں بیٹھ کر آلو کے ویفر کھاتا تھا۔ ہمیں اور بھی کئی باتیں بتائی گئیں لیکن اب ہم ساری کہانیاں تو اپنے سفرنامے میں لکھنے سے رہے اور ایسی کوئی غیر معمولی باتیں ہیں بھی نہیں۔ یہ تو روزمرہ کے واقعات ہیں جو ساری دنیا میں شب و روز ہوتے رہتے ہیں اور فلم انسٹی ٹیوٹ میں تو ان کا ہونا ضروری ہے ـــ یہ جگہ بہرحال ہمیں پسند آئی۔ ایسا محسوس ہوا جیسے ہم کسی یونیورسٹی کیمپس میں جا پہنچے ہوں۔ اپنی عمر بھی کم محسوس ہوئی۔

ہر بڑے شہر میں سینما ہال اور ہوٹل ہونے ضروری ہیں لیکن اتنے نہیں جتنے پونے میں ہیں۔ یہاں اتنے ہوٹل موجود ہیں پھر بھی لوگوں کو ٹھہرنے کی جگہ نہیں ملتی۔ ریس کے زمانے میں تو سنا ہے باہر سے آنے والے لوگ زبردستی گھروں میں گھس کر ٹھیر جاتے ہیں۔ بمبئی کی طرح یہاں بھی ڈبل روٹی کا رواج عروج

پر نظر آتا ہے۔ قدم قدم پر ایک بیکری دکھائی دی جسے دیکھو ڈبل روٹی خرید رہا ہے (لوگوں کو اس کے علاوہ بھی کوئی چیز کھانی چاہئیے) بیکری کے بعد فہرست میں پان کی دوکانوں کا نمبر آتا ہے۔ پان یہاں کی مرغوب غذا ہے۔ پانوں کی قسموں میں پونا پان سب سے زیادہ مقبول پان ہے کلکتہ پان اور بنارسی پان بھی کھائے جاتے ہیں۔ بمبئی اتنا بڑا شہر ہے لیکن اس کے نام سے کوئی پان مشہور نہ ہوسکا پونا کا چڑوا بھی مشہور ہے۔ اسے چوڑا بھی کہتے ہیں۔ یہ طرح طرح کا ہوتا ہے پھیکا، میٹھا، تیز اور بہت تیز۔ پونا چوڑا کھانے سے صحت بنی رہتی ہے تیسرے نمبر پر مٹھائی کی دکانیں ہیں۔ بمبئی اور پونے میں لوگ اپنے منہ کو آرام کا وقفہ (انٹرول) دینا پسند نہیں کرتے (ہم خود اب اتنا بولنے لگے ہیں کہ کبھی کبھی تو ہمیں سوچنا پڑتا ہے کہ یہ ہم بول رہے ہیں یا کوئی اور) ٹھیک بھی ہے جب آنکھیں اور کان ہمیشہ کھلے رہتے ہیں تو منہ نے کیا قصور کیا ہے کہ اسے بند رکھا جائے۔

۴۱

اصنافِ ادب کا دائرہ

اِن دنوں اصنافِ ادب کا دائرہ بہت وسیع ہوگیا ہے ۔یہ کس طرح
وسیع ہوگیا ؟ پتہ نہیں لیکن وسیع ضرور ہوگیا ہے ۔ وہ لوگ جو پرانی قواعد اردو
کے پابند ہیں، حال حال میں رائج ہونے والی اصنافِ ادب کو صنف ماننے پر تیار
نہیں ہوں گے لیکن ان کی اس ضد سے کوئی فرق نہیں پڑتا ۔ جب کسی چیز کا دائرہ وسیع
ہوجاتا ہے تو بس وسیع ہوجاتا ہے ۔ اسے دوبارہ اپنے مقام پر (جسے کبھی کبھی مرکز بھی
کہا جاتا ہے) واپس لانا ممکن نہیں ہوتا ۔

ادب کی دنیا میں واپسی کے سفر کا انتظام نہیں ہے ۔ادب میں فطینے پر پکڑدشی
کا بھی طریقہ نہیں ہے ۔ البتہ بالجبر علمدگی یا ردپوشی کی سہولت حاصل ہوتی ہے ۔
ذکر فی المحال نئی اصنافِ ادب کا ہے جو مندرجہ ذیل ہیں ۔یہ تقریری بھی ہیں اور
تحریری بھی ––––– (خاموشی بھی ادب کی ایک صنف ہے لیکن یہ ہمارے ہاں
رائج نہیں ہے)۔

۴۲

ع "باور آیا ہمیں، پانی کا ہوا ہو جانا"

اَدبی بحث (تقریری) قانونی بحث کا کوئی نتیجہ نکلتا ہے۔ سیاسی بحث کا بھی کچھ نہ کچھ نتیجہ نکلتا ہے۔ حتیٰ کہ گھریلو بحث کا بھی تھوڑا بہت نتیجہ نکلتا ہے۔ خواہ وہ بُرا ہی کیوں نہ ہو لیکن ادبی بحث، وہ بحث ہوتی ہے جس کا کوئی نتیجہ نہیں نکلتا ـــــــ نہیں نکلتا سے مراد یہ ہے کہ، نکل ہی نہیں سکتا۔

قانونی بحث کے لئے، قانونی قابلیت درکار ہے اور اس میں وہی لوگ حصہ لے سکتے ہیں جو قانون پڑھ چکے ہوں سیاسی بحث کے لئے، چالاکی اور ہوشیاری کی ضرورت ہے اور اس میں حصہ لینے والوں کا کوئی پس منظر ہونا چاہیے گھریلو بحث کے لئے اونچی آواز لازمی ہے اور اس میں حصہ لینے والوں کا میاں بیوی ہونا ضروری ہے۔ اس رشتے کے علاوہ دوسرے چھوٹے موٹے رشتے بھی گھریلو بحث کے لیئے کارآمد ثابت ہو سکتے ہیں۔ لیکن ادبی بحث کے لئے اِس قسم کی کوئی شرطیں نہیں ہیں۔ اس بحث میں ہر شخص حصہ لے سکتا ہے اور ادب سے تعلق رکھنے والوں کو بھی ادبی بحث میں حصہ لینے کا حق حاصل ہے بشرطیکہ وہ کوئی معقول بات نہ کہیں۔ یہ منع ہے۔

ادبی بحث میں جو شخص "موضوع" پر بحث کرتا ہے اُسے بذریعہ شور یا بتوسط زور فوراً بیٹھنے پر مجبور کر دیا جاتا ہے۔ ادبی بحث میں موضوع پر بحث کرنے سے لوگوں کو تکلیف پہنچتی ہے۔ ادبی فضا الگ خراب ہوتی ہے ـــــــ ادبی بحث میں حدِ ادب نام کی کوئی چیز نہیں ہوتی۔ اس بحث میں حصہ لینے والوں پر لازم ہوتا ہے کہ وہ ساری حدیں توڑ کر آگے نکل جائیں اور ثابت کر دیں کہ

ع وادی یہ ہماری ہے وہ صحرا بھی ہمارا

ادبی بحث میں حدود کے علاوہ کچھ اور چیزیں بھی ٹوٹتی ہیں لیکن ان کا افسوس نہیں کرنا چاہیئے۔ ٹوٹ پھوٹ تو دنیا میں ہوتی ہی رہتی ہے ـــــ

ادبی بحث میں اگر کوئی دو آدمی متفق ہو جائیں تو اسے ادب کے زوال کی نشانی سمجھا جاتا ہے جو درست ہے ـــــ ادبی بحث میں بحث کرنے والے شخص کو "حملہ آور" کہا جاتا ہے۔ کیونکہ یہ شخص، شخصی حملے کرتا ہے۔ شخصی حملہ اُس حملے کو کہتے ہیں جس میں "مدافعانہ عمل" نہیں ہوتا، جواب میں بھی شخصی حملہ ہی کرنا پڑتا ہے۔ حفاظت خود اختیاری کے سلسلہ میں جو حملہ کیا جاتا ہے اُسے نظر انداز کر دیا جاتا ہے۔ قانونی صورت یہی ہے۔ شخصی حملوں کے دوران اگر کوئی شخص مصالحت کی کوشش کرے تو اس پر بھی شخصی حملے کئے جا سکتے ہیں۔ ادب کی نظر میں سارے انسان برابر ہیں۔ ادب میں یوں بھی پنچایت کا قانون رائج نہیں ہے۔

ادبی بحث سے متعلقہ شخصی حملوں میں اوزار اور ہتھیار وغیرہ استعمال نہیں کئے جا سکتے، خاص طور پر آتشیں اسلحہ بالکل منع ہیں۔ پیش پا افتادہ سامان مثلاً گلاس اور کراکری کے استعمال میں کوئی حرج نہیں۔ صرف یہ دیکھ لینا چاہیئے کہ کراکری خود کی تو نہیں ہے ـــ بعض ادبی بحثوں میں کپڑے بھی پھٹ سکتے ہیں۔ اس لئے سمجھدار لوگ خود ہی ایسے موقعوں پر قیمتی اور نئے کپڑے پہننے سے احتراز کرتے ہیں۔ بھولے سے پہن لئے جائیں تو یہ غلطی عمر بھر یاد رہتی ہے۔

ادبی بحثوں میں دخل دینے والوں کے "مراتب" نہیں ہوتے، ادب اور فوج میں یہی فرق ہے۔ فوج میں کرنل کیپٹن، لفٹننٹ اور سکنڈ لفٹننٹ

۴۴

ہوتے ہیں اور انہیں اپنی اپنی تنخواہ اور اپنے اپنے منصب کے مطابق جوہر دکھانے ہوتے ہیں لیکن ادبی بحث کے معاملے میں ہر شخص فیلڈ مارشل ہوتا ہے۔

نثری نظمیں (تحریری) "اٹھ گئی دنیا سے رسم دوستداری ہائے ہائے"

نثری نظموں کو پیدا ہوئے کافی دن ہو چکے لیکن ابھی تک ان کی صنف کا تعین نہیں ہو سکا ہے (بعض امراض کی تشخیص میں وقت لگتا ہے) اس لئے یہ نہیں کہا جا سکتا کہ آئندہ چل کر اس بے جڑ الخلقت صنفِ ادب کو نثر کے کمپارٹمنٹ میں جگہ ملے گی یا شاعری کے کمپارٹمنٹ میں، اسے آج تو بہر حال اس صنف جنس کی طرح آزادی حاصل ہے جو ریل کے مردانے یا زنانے ڈبوں میں سے کسی بھی ڈبے میں سفر کر سکتی ہے۔ ریلوے پولیس اس کا کچھ نہیں بگاڑ سکتی۔ (یوں بھی پولیس چاہے وہ ریلوے پولیس ہو یا عام بگڑی ہوئی چیزوں کے بگاڑنے پر اپنا وقت برباد نہیں کرتی)۔

نثر اور نظم کے اس (غیر ادبی) اتصال میں دیر اس لئے ہوئی کہ حال حال تک نثر نگار اور شاعر کم سے کم اپنے سننے اور پڑھنے والوں کا خیال رکھا کرتے تھے۔ اسے دوستداری کہا جاتا تھا۔ ادیب نثر لکھتے وقت صرف نثر لکھا کرتے تھے اور شاعر، شاعری کرتے وقت صرف شعر کہتے تھے ان کے ہاں صرف ایک ہی قسم کا سامان ملتا تھا۔ یہ کہ اپنے کا دکان نہیں کھولتے تھے۔ نثری نظم لکھنے والوں کہ جن کا نام بھی ابھی تجویز کرنا باقی ہے یہ دیکھنا ہوتا ہے کہ نثری نظم میں کہیں نثر یا نظم نہ آ جائے۔

نثری نظم ایک نیوٹرل صنف ادب ہے۔ جب قومیں نیوٹرل رہ سکتی ہیں تو ان قوموں کے ادب کو کیا تکلیف ہے کہ وہ کسی مخصوص فارمولے کا پابند رہے۔ وہ لوگ جنھیں ہر چیز پڑھنے کا شوق ہوتا ہے اس کا خیر مقدم کر رہے ہیں۔ (شوق اور ذوق میں یہی فرق ہوتا ہے)

نثری تحریر میں سطریں اور شعری تخلیق میں بحریں ضروری ہیں۔ نثری نظم، سطر اور بحر دونوں سے بے نیاز ہوتی ہے بلکہ یہ تو اس ستر سے بھی بے نیاز ہے جسے 'ط' سے نہیں 'ت' سے لکھا جاتا ہے۔ اس لئے نثری نظم میں نثر کا حصّہ صفر اور نظم کا حصّہ صفر سے کچھ کم ہوتا ہے نثری نظم میں ہوتا کیا ہے اس پر ابھی غور کیا جا رہا ہے۔

نثری نظم کی پیدائش کا سبب یہ بیان کیا جاتا ہے کہ اکثر نثر نگار، نثر میں شاعری کرنے لگے تھے اور یہ طریقۂ ادب، بہت زیادہ پسند کیا جانے لگا تھا۔ شاعروں کو یہ بات بہت کھلی جو ایک فطری عمل تھا۔ انھوں نے انتقاماً نظم میں نثر لکھنی شروع کی۔ نئے ملک اور نئی ریاستیں بھی اسی طرح وجود میں آتی ہیں۔ اس کا فائدہ بہت دنوں بعد ظاہر ہوتا ہے۔ نثری نظموں کی ولادتِ باسعادت سے ادب کو کیا فائدہ پہنچے گا۔ کچھ دنوں بعد معلوم ہو سکے گا۔ ہر معاملے میں عجلت اچھی نہیں ہوتی۔

نثری نظمیں کہنے کے لئے تعلیم پانا ضروری نہیں ہے لیکن تعلیم یافتہ لوگ بھی اس سے شوق کر سکتے ہیں۔ اس کی عام اجازت ہے ——— بعض لوگ نثری نظموں کو ٹیسٹ ٹیوب بے بی کے قسم کی کوئی چیز سمجھتے ہیں جو غلط ہے ان دونوں میں کوئی چیز مشترک نہیں ہے۔ ٹیسٹ ٹیوب بے بی کا علیہ بہرحال

یح سلامت رہتا ہے۔ جنس بھی واضح ہوتی ہے۔ نثری نظموں کا درجہ ذرا اونچا ہے۔

تبصراتی بحث (تقریری)

تبصراتی بحث اصل میں ادبی گفتگو کے نہج کی چیز ہوتی ہے۔ اس میں ادب کے کسی مسئلے پر بحث نہیں ہوتی بلکہ صرف کسی ایک کتاب یا مجموعۂ کلام پر گفتگو کے امکان کو تبصراتی بحث کہا جاتا ہے۔ بمصداق ع

جو کسی کے کام نہ آ سکے میں وہ ایک مشتِ غبار ہوں

اس بحث میں خود مصنف یا شاعر شریک نہیں ہوتا (اگر وہ شریک ہو جائے تو غیبت کا سنہری موقع اُس کے ہاتھ سے نکل جاتا ہے جو کسی طرح مناسب نہیں) جس کتاب کو بھی تبصراتی بحث کے لئے چنا جاتا ہے اس کے نام سے شرکائے بحث کو پہلے ہی سے واقف کرا دیا جاتا ہے لیکن یہ کچھ ایسا ضروری نہیں ہے کیونکہ تبصراتی بحث میں عام طور پر اس کتاب کے بارے میں گفتگو نہیں کی جاتی۔ بحث میں حصہ لینے والوں پر یہ پابندی ہوتی ہے کہ وہ صرف اپنے اپنے کارنامے بیان کریں۔ کہیں کہیں مصنف یا شاعر کا نام لینے میں کوئی حرج نہیں۔ لیکن جہاں تک ہو سکے اس سے بچنا چاہیئے۔ تبصراتی بحث اور ادبی بحث میں فرق یہ ہے کہ اس بحث میں جان کی بازی نہیں لگائی جاتی جب کہ ادبی بحث میں جان پر کھیل جانے میں کوئی مضائقہ نہیں۔ تبصراتی بحث کا پھیلاؤ بھی تقریباً اتنا ہی ہوتا ہے جتنا کہ ایک چھوٹے موٹے ملک کا ہوا کرتا ہے۔ بحث کا پھیلاؤ جیسے جیسے وسیع ہوتا جائے گا کتاب پر گفتگو نہ ہونے کے امکانات اتنے ہی روشن ہوتے جائیں گے۔

تبصرے اور تبصراتی بحث میں فرق یہ ہوتا ہے کہ ایک تبصرہ نگار کو کتاب کی تجہیز و تکفین کا کام تن تنہا انجام دینا پڑتا ہے۔ تبصراتی بحث میں سہولت یہ رہتی ہے کہ سب شرکائے محفل ایک دوسرے کی مدد کرتے ہیں۔ کام جلد نپٹ جاتا ہے اور اتفاق و اتحاد کی بھی اچھی مثال قائم ہوتی ہے۔

کھلا خط (تحریری)

"نامہ لاتا ہے وطن سے نامہ بر اکثر کھلا"

کھلے خط پہلے بھی لکھے اور قاصدوں کے ہاتھ بھیجے جاتے تھے لیکن وہ مجبوری تھی۔ وہ خط اصنافِ ادب میں داخل نہ تھے بلکہ اکثر و بیشتر موقعوں پر ایسی خط و کتابت کا نتیجہ وارداتِ قتل یا کم سے کم فساد کی صورت میں نمودار ہوتا تھا۔ اس کا ثبوت مندرجہ ذیل شعر سے ملتا ہے ؎

قاصد کو اپنے ہاتھ سے گردن نہ ماریئے
اس کی خطا نہیں ہے یہ میرا قصور تھا

کھلے خط کو حال حال میں ادب کی صنف کا درجہ حاصل ہوا ہے۔ اس میں تین فائدے بدیہی ہیں: ایک تو یہ کہ ان خطوں پر ڈاک کا کوئی خرچ نہیں ہے۔ نہ یہ پوسٹ کارڈ کے سائز کا ہوتا ہے اور نہ اس ملفوف خط کی طرح ہوتا ہے جو بند ہونے کے بعد بھی ہر طرف سے کھلا ہوتا ہے۔ اگر کسی کا جی چاہے تو وہ اس کے اندر جھانک کر اسے پڑھ سکتا ہے۔ کئی بیویاں اپنے شوہروں کے نام آئے ہوئے ان لینڈ کور اسی طرح پڑھا کرتی ہیں۔ تھوڑا سا خط بھی پڑھ لیا جائے۔ تو کافی ہوتا ہے۔ شوہر بھی یہی ترکیب استعمال کرتے ہیں۔

ادبی کھلے خط میں جتنے بھی صفحے جی چاہے لکھے جا سکتے ہیں (نہ کوئی

پوچھنے والا نہ کوئی پڑھنے والا)

دوسرا فائدہ یہ ہے کہ چونکہ یہ خط سپرد ڈاک نہیں کیا جاتا اس لئے خطوں کے مردہ خانہ میں اس کا پہنچنا ممکن نہیں ہے (حالانکہ صحیح معنوں میں کھلا خط ہی ڈیڈ لیٹر ہوتا ہے) —— تیسرا فائدہ یہ ہے کہ اس خط کا جواب نہیں آتا۔ یہ کچھ کم فائدہ نہیں ہے۔

عام خط وکتابت میں خط تو لکھے جاتے ہیں، ان کی کتابت نہیں ہوا کرتی کتابت صرف کھلے خط ہی کی ہوتی ہے اس لیے ادیبوں نے طے کیا ہے کہ اب وہ صرف کھلے خط ہی لکھا کریں گے۔ ■■

۴۹

شعر و ادب میں جانوروں کا حصّہ

ہمارے ادیبوں اور شاعروں نے عاشقوں اور بادشاہوں کو ادب میں خاصا اونچا مقام دے رکھا ہے بلکہ یوں کہنا چاہیئے کہ ادب کا بیشتر حصہ انہی لوگوں پر صرف ہوا ہے۔ اس کا ہمیں کوئی خاص گلہ نہیں کیونکہ جہاں عاشقانِ کرام یعنی فرہاد اور مجنوں کا تعلق ہے ان دونوں نے عشق و عاشقی کے میدان میں واقعی قابلِ قدر کارنامے انجام دیئے ہیں۔ دونوں کے دونوں نہایت دیانت دار، جفاکش، اور مخلص عاشق تھے۔ ان میں عقل کچھ کم تھی تو کیا ہوا دوسری خوبیاں تو بہرحال وافر مقدار میں تھیں اس لیے ان کی خدمات کو بھلایا جانا ممکن نہیں۔ کسی میونسپل کارپوریشن یا ضلع پریشد کو تو ان کے مجسمے بنوا کر سڑکوں پر یا پارکوں میں کھڑا کرنے کی توفیق نہیں ہوئی کیونکہ عام طور پر اس قسم کے کمرشیل ادارے عشق کی اہمیت سے ناواقف ہوتے ہیں۔ یا ممکن ہے فنڈ کی کمی کی وجہ سے ان سے یہ کام نہ ہو سکا ہو۔ اس میں شک نہیں کہ میونسپل ٹیکس مکانوں کی

قیمت کے قریب قریب پہنچ گئے ہیں تاہم فرہاد اور مجنوں کے مجسموں کے خرچ کی گنجائش نکلنی اب بھی مشکل ہے۔ شہری زندگی میں تو انہیں داخلہ مل نہیں سکا اگر ادب میں بھی ان لوگوں کا ذکر نہ ہوتا تو معلوم نہیں انہیں یہ بات کتنی ناگوار گزرتی اور ان کی روحیں کتنا ایجی ٹیشن کرتیں۔ اسی طرح اگرچہ چند بادشاہوں کو بھی ادب میں جگہ جگہ درج کر دیا گیا ہے تو کچھ بُرا نہیں ہوا۔ کیونکہ بعض بادشاہوں سے بھی، بھولے ہی سہی، کچھ نیک کام ضرور سرزد ہوئے ہیں۔ بعض بادشاہ تو عین رات کے وقت جو سب کے آرام کا وقت ہوتا ہے۔ بھیس بدل کر شہر کا دورہ کیا کرتے تھے کہ دیکھیں رعایا ٹھیک سے سوئی بھی ہے یا نہیں۔ (بادشاہوں کا چھپ کر، رعایا کی خانگی باتیں سُننا منع نہیں تھا۔ رعایا پر البتہ اس کی پابندی تھی) ان بادشاہوں کو اپنی گشت کے موقع پر عموماً رعایا آرام کی نیند سوتی ملی (رعایا کو آرام کی نیند سُلا دینے کا انتظام آج بھی ہے لیکن یہ انتظام اس زمانے کے انتظام سے قدرے مختلف بلکہ بہتر ہے، آج کے انتظام میں رعایا سو کر اُٹھتی نہیں ہے)۔ ان بادشاہوں کو کچھ رعایا موسیقی میں مگن ملی لیکن وہ موسیقی صرف چین کی بنسری کی موسیقی تھی جو رعایا خود ہی بجاتی اور خود ہی سُنتی بھی۔ (اس میں میوزک ڈائرکٹر نہیں ہوا کرتا تھا)۔۔۔
بادشاہوں کا اس طرح بھیس بدل کر رعایا کی شکل کا ہو جانا اور وہ بھی اس مہارت سے کہ کوئی پہچان ہی نہ سکے معمولی بات نہ تھی (مانا کہ اس زمانے میں رعایا اتنی ذہین نہیں تھی لیکن پہچانتے پہچانتے تو آج بھی ۶ سال لگ ہی جاتے ہیں۔ اس لئے اگرچہ بادشاہوں کا ادب میں

ذکر آگیا ہے تو اس میں ناراض ہونے کی کوئی بات نہیں بلکہ ایک لحاظ سے یہ اچھا ہی ہوا ورنہ ان کے ذکر کے بجائے کسی شاعر کی سات نظمیں نو غزلیں یا کوئی تبصرہ چھپ جاتا۔ یوں بھی ہر زبان کے ادب میں سرکشی کی داستانیں کم اور ذرکشی کی وارداتیں زیادہ ہیں۔

لیکن ہمارے شاعروں اور ادیبوں نے عاشقوں اور بادشاہوں کے علاوہ چند جانوروں اور پرندوں کو بھی ادب میں غیر معمولی منزلت سے نوازا ہے اور یہ لوگ بھی ادب میں یوں دندانہ چلے آئے ہیں گویا ادب نہ ہوا غالب کا غریب خانہ ہوگیا۔ ان جانوروں میں سے دو تو ایسے ہیں جن کے ساتھ خصوصی رعایت برتی گئی ہے اور ان کے ساتھ اتنا امتیازی سلوک کیا گیا ہے کہ کیا کوئی ماں یا کوئی باپ اپنے بیٹے کے ساتھ کرے گا!

گھوڑا اور بلبل یہ دو افراد ایسے ہیں جنھوں نے ادب میں سب سے زیادہ جگہ گھیر رکھی ہے۔ ہماری ساری تشبیہات، استعارے، کنائے روزمرہ ضرب الامثال اور محاورے انہی دو شخصیتوں کے گرد گھومتے ہیں اور بعض وقت تو یہ خوف ہونے لگتا ہے کہ آئندہ چل کر اگر کسی سیاسی دباؤ کی وجہ سے اردو کے رسم الخط کی طرح یہ بھی نظر میں آگئے اور ان دونوں کو ادب سے خارج کر دینا پڑا تو ادب میں سوائے مزاح کے اور بچے گا کیا؟

گھوڑا ہمارے ادب میں اور خاص طور پر شاعری میں اس طرح بس گیا ہے کہ ادب ہی کا باشندہ معلوم ہونے لگا ہے۔ یہ جانور یوں بھی انسانوں سے بہت قریب رہا ہے۔ اتنا قریب کہ اسے ڈپٹی اشرف المخلوقات

تو کہا ہی جاسکتا ہے (لیکن زندگی کے اس شعبے میں ڈیٹی کا کوئی عہدہ ہے نہیں) گھوڑے کی ہم سے قربت کا یہ حال ہے کہ وہ ہماری سماجی، فوجی، سیاسی بلکہ ازدواجی زندگی تک میں دخیل ہے شادی کے موقعہ پر نوشہ گھوڑے ہی پر سوار ہوکر دلہن لانے جاتا ہے۔ گھوڑے پر بیٹھ کر نہ جانے والے دولھے کو دولہن تو خیر مل جاتی ہے لیکن جہیز نسبتاً کم ملتا ہے۔ سوئمبر کے جشن میں بھی گھوڑے ہی نے مستحق اشخاص کی مدد کی ہے۔ اس کی فوجی اہمیت بھی مسلمہ ہے کتنی ہی جنگیں انھوں نے ہرائی ہیں اور آج بھی گھوڑا جنگ کے میدان کا نہ سہی، ریس کے میدان کا تو ہیرو ہے ہی بلکہ ریس کے وجود میں آنے کی وجہ سے اس جانور کے شخصی وقار میں کافی اضافہ ہوا ہے۔ جنگ میں استعمال کئے جانے والے گھوڑوں کا شجرہ نہیں ہوا کرتا تھا لیکن ریس کے گھوڑوں کا شجرہ ہوا کرتا ہے اور جب تک ان کے حسب ونسب کے بارے میں خاطر خواہ اطمینان نہیں کرلیا جاتا انہیں ریس کے میدان کے قریب بھی نہیں آنے دیا جاتا ہے۔ ہاں ان کے مالکوں کی بات اور ہے۔ گھوڑے کی اس افادیت اور وجاہت سے متاثر ہوکر ادیبوں اور شاعروں نے بھی اپنی ہر چیز کو گھوڑے سے نسبت دے رکھی ہے۔ شاعر اور ادیب اپنی ہر چیز کا انتساب گھوڑے ہی کے نام کرتے ہیں۔ وہ اپنے قلم کو صرف قلم نہیں کہیں گے کیونکہ قلم تو بچوں کے بھی ہوا کرتے ہیں۔ شاعروں کا قلم یا تو اسپِ خامہ ہوتا ہے یا اشہبِ قلم۔ لکھنے کی رفتار چاہے کتنی ہی سست یا بے ڈھنگی کیوں نہ ہو وہ لکھیں گے اسپِ خامہ ہی سے۔ شاعروں کا خیال بھی یا تو رہوارِ خیال ہوگا یا

توسنِ خیال۔خالی خیال انھیں زیب نہیں دیتا۔ ان کی رائے میں خالی خیال آدمیوں کا ہوا کرتا ہے۔ اکثر صورتوں میں شاعروں کے توسنِ خیال اور ان کے اسپِ خامہ میں دوستانہ تعلقات قائم نہیں ہو پاتے۔ توسن اور اسپ ہوتے تو دونوں ایک ہی جماعت کے رکن ہیں لیکن راتب کی مقدار یا کسی اور بات پر ان دونوں میں اختلاف پیدا ہو جاتا ہے یا دونوں میں شاید جھگڑا اس بات پر ہوتا ہو کہ ہارس پاور توسن میں زیادہ ہے۔یا اسپ میں۔ شاعر بے چارا بڑی مشکل سے اِن دونوں کو قابو میں لاتا ہے۔شاعری تو وہ اس افراتفری کے عالم میں بھی کر لیتا ہے لیکن اس کی ایک ہی غزل مختلف بحروں میں ہوتی ہے (شاعر اپنی پریشانی میں اس پر غور نہیں کر پاتا) کبھی کبھی ایسا بھی ہوتا ہے کہ کسی ایک شاعر کا رہوارِ خیال، کسی دوسرے شاعر کے توسنِ خیال سے لڑ جاتا ہے۔ اس تصادم کی شاعری میں بڑی اہمیت ہے اور اِسے توارد کے نام سے یاد کیا جاتا ہے۔ہمارا کافی سے زیادہ شعری سرمایہ اسی توارد کی دین ہے۔ بعض لوگ اِسے سرقہ کا بھی نام دیتے ہیں لیکن یہ غلط ہے۔کیونکہ ادب میں سرقے کی کیا گنجائش ہے۔سرقہ ہمیشہ کار آمد چیزوں کا ہوا کرتا ہے۔

جب شاعر کا قلم اسپ اور اشہب ہو سکتا ہے اور اس کا خیال رہوار اور توسن ہو سکتا ہے تو عمر نے کیا قصور کیا ہے کہ اسے کسی عمدہ گھوڑے سے تشبیہ نہ دی جائے۔ شاعر اور ادیب اس لئے ہمیشہ عمر کو رخشِ عمر کہتے ہیں۔ اِسی رخشِ عمر پر سوار ہو کر وہ ابلقِ ایام کا مقابلہ کرتے ہیں۔ ابلقِ ایام اور ابلق لیل و نہار متذکرہ صدر گھوڑوں میں سب سے زیادہ تیز رفتار گھوڑے مانے گئے ہیں اور صرف رخشِ عمر ہی ان کا ہم رکاب ہو سکتا ہے۔ دوسرے گھوڑے اتنا تیز نہیں

چل سکتے۔ ابلق ہوتا بھی سفید اور سیاہ ہے اور اسی لئے اسے دن اور رات سے تشبیہ دی جاتی ہے جو ان دنوں غلط ہے۔ اب تو دن بھی سیاہ ہونے لگے ہیں۔ ہمارے ایک شاعر دوست کو ابلق ایام کی ترکیب اس قدر پسند ہے کہ وہ کیلنڈر اور جنتری کو بھی ابلق ایام ہی کہا کرتے ہیں۔ وہ روزانہ ابلق ایام دیکھ کر اپنی گھڑی میں تاریخ اور دن بتلانے والے فرس کو صحیح مقام پہلے آتے ہیں۔ ان کا خیال ہے کہ ان دنوں تنخواہ تو ہوا کے گھوڑے پر سوار رہتی ہے۔ لیکن ابلق لیل ونہار، اڑیل ٹٹو، کی طرح جگہ جگہ رُک جاتے ہیں اور مہینہ کسی طرح ختم ہی نہیں ہونے پاتا۔ ان کا تجربہ ہے کہ گھر میں صحیح مقدار میں پیسے نہ دیئے جائیں تو بچے بات کریں یا شوہر، ہر بات بیگم کے سمندِ ناز پہ تازیانے کا کام کرتی ہے اور ان کے مرکب زبان کو لگام دینا مشکل ہوجاتا ہے۔ ہمارے دوست ایسے موقعوں پر ہمیشہ گھوڑے بیچ کر سوجاتے ہیں۔

بعض شاعروں نے فرسِ ایام کی ترکیب بھی استعمال کی ہے لیکن ابلق کے مقابلے میں فرس کامیاب نہیں رہا۔ شعر وادب میں جتنے بھی گھوڑوں کا ذکر کیا گیا ہے وہ ہیں تو گھوڑے ہی لیکن ان سب کا مقام متعین کردیا گیا ہے۔ توسن کو عمر کے ساتھ منسلک نہیں کیا جاسکتا۔ رخش کو لے جاکر کہیں اور نہیں باندھا جاسکتا۔ یہ سب گھوڑے اپنی اپنی جگہ رہیں گے نہ تو ان کا تبادلہ کیا جاسکتا ہے اور نہ انہیں اپنی مرضی سے دل بدلی کا اختیار ہے کیونکہ یہ معاملہ ادب کا ہے۔ شعر وادب میں استعمال کئے جانے والے گھوڑے ہارس ٹریڈنگ کے لئے نہیں ہوا کرتے۔ یہ کام آدمیوں کے ذمے ہے۔

پرندوں کو ادب میں اتنا اونچا مقام تو نہیں دیا گیا لیکن بلبل کو قریب قریب یہی رتبہ حاصل ہے۔ بات یہ ہے کہ بلبل جانور تو چھوٹا سا ہے لیکن کافی جاندار ہے اور دوسرے پرندوں کے مقابلے میں اس کی جمالیاتی حس بہتر ہے۔ آرٹ کے معاملے میں

اس کی سوجھ بوجھ پر بھروسہ کیا جا سکتا ہے۔ اس کی نظر خوبصورتی کو پہچانتی ہے بلکہ یوں کہنا چاہیئے کہ خوبصورتی پر اس کی اتنی ہی گہری نظر ہے جتنی ہمارے بعض دانشوروں کی کافکا اور سارتر پر ہے اس لئے عشق و عاشقی کے معاملے میں بلبل جسے عندلیب بھی کہا جاتا ہے، آدمی کے برابر تو نہیں دوسرے نمبر پر ضرور ہے اور چاندی کا تمغہ اس کا حق ہے۔ شاعر کو جب بھی آہ و زاری کے سلسلے میں کسی شریک کار اور رفیق کی ضرورت پڑی ہے۔ اس نے عندلیب ہی کو اس طرح آواز دی ہے ؎

آ عندلیب مل کے کریں آہ و زاریاں
تو ہائے دل پکار میں چلّاؤں ہائے دل

اور عندلیب چونکہ شاعر کی طرزِ فغاں سے واقف اور بذاتِ خود دل کا اچھا شخص ہوتا ہے۔ اس نے ہمیشہ شاعر کی آواز میں اپنی آواز فکر ملا کر اس کی دلجوئی کی ہے شاعر کی آواز میں آواز ملانے پر بلبل پر جو بھی گذری ہوگی اس کا دل جانتا ہوگا۔ لیکن عشق کا کاروبار یونہی آگے بڑھا ہے۔ شاعر اور بلبل کی جگل بندی کی نقل اور لوگ بھی کرتے ہیں لیکن وہ بات نہیں ہوتی۔

ہمارے ادب میں مرغ بھی موجود ہے (بلکہ یہ دنیا ہی "جہانِ مرغ و ماہی" ہے) لیکن یہ مرغ انگریزی زبان کا وہ ٹیبل برڈ نہیں ہے جو لذت کام و دہن کے کام آتا ہے۔ انگریزی ادب کا جو جستہ جستہ مطالعہ ہم نے کیا ہے اس سے اندازہ ہوتا ہے کہ ان کے ادب میں بھی جانور بکثرت موجود ہیں بلکہ ان کے ہاں بارش بھی ہوتی ہے تو کتے اور بلیاں برسا کرتی ہیں۔ ہر حالِ غنیمت میں ان کا حصّہ شیر کے حصّے کے برابر ہوتا ہے۔ وہ لوگ اتنے چوکنّے رہتے ہیں کہ بلّی کی نیند سوتے ہیں۔ اُن کے ہاں بیل کی آنکھ بھی ادب میں داخل ہے اور جب تک وہ کوئی بات خود گھوڑے

کے منہ سے نہیں سنتے اس پر یقین نہیں کرتے۔

ہمارے ہاں بارش کو الگ طریقے سے ناپا جاتا ہے۔ بھیگی بلّی تو ہمارے پاس بھی ہے لیکن وہ زمین ہی کی پیداوار ہے آسمان سے نہیں برستی۔ یوں بھی سارے جانوروں کے لئے ہمارے ادب میں گنجائش نہیں ہے۔ دو چار پرندے جنہیں ادب میں مشکل سے جگہ مل سکی ہے ان میں بلبل بھی ہے۔ ناؤ نوش کے سامان میں ایک بطِ مینا پائی جاتی ہے جو پیمانے سے اس طرح جھک کر بات کرتی ہے جیسے کوئی ماتحت اپنے افسرِ بالا کے کان میں کچھ کہا کرتا ہے۔ لیکن سچ پوچھئے تو بطخ جیسے خوبصورت پرندے کے ساتھ انصاف نہیں ہوا ہے۔ یہ پرندہ غسل اور طہارت کا اتنا شوقین ہے کہ ہم میں سے چند لوگ تو اس سے سبق لے سکتے ہیں۔

دوسرے پرندوں میں ہم نے مرغ کو ادب میں ضرور جگہ دی ہے وہ بھی صرف اس لئے کہ مُرغ کا مزاج ہمارے دِل کی کیفیت کے عین مطابق ہے۔ ہم اپنے دل کو مرغِ دل ہی کہا کرتے ہیں۔ دِل میں ہوتے ہی دو حرف ہیں اس لئے لوگ عموماً تنگ دل ہوا کرتے ہیں۔ مرغ دل کہنے سے کچھ تو فراخ دِلی پیدا ہو جاتی ہے۔

بعض لوگوں کا مرغِ دل بہت نازک ہوتا ہے اور کبھی کبھی صرف اس بات پر رونے لگتا ہے کہ ہندوستانی فلمیں، بہت خراب بننے لگی ہیں اس کے برخلاف بعض لوگوں کا مرغ دِل اتنا مضبوط ہوتا ہے کہ بات ویتنام کی ہو کہ بنگال کے سیلاب کی۔ ان کے مرغِ دل کا ذبح ہونا مشکل ہے ـــــ مرغ دِل کے علاوہ ایک مرغ اور ہے جو عمارتوں پر ہوا کا رُخ بتانے کے لیئے لگایا جاتا ہے۔ سمجھدار لوگوں کی نظریں ہمیشہ اِسی مُرغِ باد نما پر لگی رہتی ہیں اور قدم بھی اسی سمت اُٹھتے ہیں جدھر اِس مرغ کا مُنہ ہوتا ہے۔

مرغِ باد نما نہ بھی ہو تو آدمی کو ہوا کا رُخ سمجھنے کی کوشش کرنی چاہیے۔ عقل اِسی لئے دی گئی ہے

دولت خانہ

جب تک بنک قائم نہیں ہوئے تھے ڈاکوؤں کو اپنی روزی کمانے کے لئے جگہ جگہ گھومنا پڑتا تھا اور باضابطہ ڈائری رکھ کر مقررہ پروگرام کے مطابق ڈاکے ڈالنے پڑتے تھے۔ اتنی ذمہ داری اور محنت سے کام کرنے کے بعد بھی ان کا ہاتھ تنگ ہی رہتا تھا کیوں کہ ان کے ڈاکوں میں سے کچھ ڈاکے صحیح ہوتے تھے تو کچھ غلط۔ کبھی ایسا نہیں ہوا کہ ڈاکوؤں کو فراغت نصیب ہوئی ہو اور وہ دو چار سال پاؤں پسار کر بیٹھے ہوں۔ کبھی کبھی تو کسی ڈاکے میں صرف زیور یا برتن ہاتھ آتے جنھیں بازار لے جا کر فروخت کرنے کے ایک اور کام کا اضافہ ہو جاتا تھا اور یہ کام بالکل ان کے مزاج کے مطابق نہ ہوتا تھا۔ خرید و فروخت ڈاکوؤں کے بس کا کام نہیں۔ اکثر ڈاکو تو پکڑے ہی ایسے موقعوں پر جاتے تھے جب وہ بازار میں خرید و فروخت میں مصروف ہوتے تھے (اسے بھی رنگے ہاتھوں پکڑا جانا کہا جاتا ہے) بنکوں کے رواج نے ڈاکوؤں کا بڑا مسئلہ حل کر دیا (خدا بڑا کارساز ہے) ایک بنک پر ایک کامیاب ڈاکہ برسوں کے لئے کافی ہوتا ہے۔ اس کامیاب ڈاکے میں بنک کے دو چار ملازم یا کچھ خانگی لوگ مارے ضرور جاتے ہیں لیکن ایسے چھوٹے موٹے واقعات تو ہوتے ہی رہتے ہیں اور فسادات

میں مارے جانے سے بہتر ہے کہ آدمی بنک کے ڈاکے میں مارا جائے (یہ کوئی تجویز نہیں صرف متبادل صورت ہے) اس طرح مارے جانے میں عوام کی ہمدردی تو حاصل ہوتی ہے۔ اس قتل میں قاتل نہ ملے تو کوئی بات نہیں کم سے کم اس کا علم تو ہوتا ہے کہ قاتل کون ہے؟ جہاں تک بنک کے ڈاکوؤں کا تعلق ہے ایک سیاسی جماعت دوسری سیاسی جماعت کو موردِ الزام نہیں ٹھہراتی کسی بھی سیاسی جماعت کو دو چار آدمیوں کے قتل سے کیا دلچسپی ہو سکتی ہے۔

ایک زمانہ تھا جب لوگ بنک میں روپیہ جمع کرانے کو معیوب فعل سمجھتے تھے۔ خاص طور پر عورتوں کو تو اس کام سے نفرت سی تھی، گھر کی کسی کوٹھری میں یا باورچی خانے میں چولہے کے پاس گڑھا کھود کر روپیہ دفن کرنے میں انھیں جو لطف حاصل ہوتا تھا وہ اس لطف سے کم نہیں تھا جو انھیں کسی کا راز افشا کرنے میں آتا تھا۔ بس اپنے روپے کی تدفین کا ایک راز تھا جو وہ کسی کو نہیں بتاتی تھیں۔ میکے والوں کو بھی نہیں۔ مرد بھی اس بات کے قائل تھے کہ مال کمایا ہے تو اس کی حفاظت بھی خود ہی کرو۔ یہ بات ان کی سمجھ میں نہیں آتی تھی کہ بنک ہمارے روپے کی حفاظت بھی کرے گا اور الٹا ہمیں ہی اس کا کرایہ بھی دے گا۔ وہ کہتے تھے ضرور اس میں کوئی نہ کوئی سازش ہوگی اور جب دو چار بنکوں نے اپنا دیوالیہ نکلوالیا تو انھیں اس سازش کا یقین ہوگیا۔ (جب کوئی فرد یا بنک علی الاعلان اپنا دیوالیہ نکلوالیتا تو پھر قانون اس کا کچھ بگاڑ نہیں سکتا) دیوالیہ ہونے کے بعد ہر شخص معزز شہری کی طرح زندگی گزار سکتا ہے اور دیوالیہ شدہ بنک ان الفاظ کی طرح ہوتا ہے جو واپس لے لئے جائیں ــــ دیوالیہ ہونے کی سہولت ہر ملک میں عام ہے اور ان ملکوں میں جن کا کاروبار ہی قرض لینا ہوتا ہے، اس سہولت کو عادت کا درجہ حاصل ہے۔

لیکن زمانہ ایک سا نہیں رہتا۔ بنکوں کے بھی دن پھرے اور اب ہر شہر میں جتنے ہوٹل ہیں اتنے ہی بنک بھی ہیں اور بنکوں میں اس طرح قطاریں لگتی ہیں جیسے بنک نہ ہوں بس اسٹاپ ہوں۔ بنکوں میں اب طرح طرح کے کاروبار ہونے لگے ہیں۔ ان میں ایک اہم کاروبار یہ بھی ہے کہ ناکارہ نوٹ واپس تو لئے جاتے ہیں لیکن ان کے عوض دیا کچھ نہیں جاتا (مسکراہٹ بھی نہیں) ناکارہ نوٹوں سے جو آمدنی ہوتی ہے اس آمدنی سے بنک میں کام کرنے والوں کو بونس دیا جاتا ہے۔

فلموں کی طرح بنکوں کے بھی ڈائرکٹر ہوتے ہیں لیکن بنک میں ڈاکہ پڑتے وقت جب شوٹنگ ہوتی ہے، یہ ڈائرکٹر موجود نہیں رہتے وہ اس وقت موجود بھی رہیں تو کوئی فائدہ نہیں۔ بنک میں جو شوٹنگ ہوتی ہے اسے "کٹ" کروانا ان کے لئے ممکن نہیں۔

بنکوں میں پہلے قفلئے (لاکر) نہیں ہوا کرتے تھے۔ اب ہر کھاتہ دار اپنے نام ایک قفلیہ محفوظ کروا سکتا ہے جس میں خفیہ دستاویزات، چند تصویر بتاں اور حسینوں کے خطوط کے علاوہ خواتین اپنا زیور بھی رکھ سکتی ہیں۔ بنک اب نمائش گاہ بھی بن گئے ہیں۔ جب بھی کسی خاتون کو شادی یا ایسی نوعیت کی کسی تقریب میں شریک ہونا ہوتا ہے تو وہ گھر سے تیار ہو کر پہلے بنک جاتی ہے اور وہیں سے زیور پہن کر سیدھے اس مقام پر جاتی ہے جہاں یہ تقریب ہو رہی ہے۔ بعض وقت تو اتفاق یہ ہوتا ہے کہ ایک ہی بنک میں کئی خواتین ایک ہی وقت جمع ہو جاتی ہیں اور کانٹے کا مقابلہ ہوتا ہے۔ ان کے جانے کے بعد بنک کے چراغوں میں روشنی نہیں رہتی۔

بنک میں کام کرنے والوں کا فرض ہوتا ہے کہ وہ اپنے کھاتہ داروں کو خوش رکھیں اس لئے صبح کے اوقات میں کم سے کم شروع کے ایک گھنٹے میں وہ ضرور مسکراتے رہتے ہیں (حالانکہ یہ مسکراہٹ صرف اس خوشی کی دین ہوتی ہے جو انہیں اپنے گھر

سے روانہ ہونے کی وجہ سے حاصل ہوتی ہے) بینک میں آنے والے لوگوں کے بیٹھنے کا بھی معقول انتظام کیا جاتا ہے (اکثر لوگ تو بینکوں میں صرف سستانے جایا کرتے ہیں) ۔۔۔۔۔ کھاتے داروں کے لئے عمدہ قسم کے صوفے رکھے جاتے ہیں۔ کھاتہ دار چاہیں تو بیٹھے بیٹھے اِن صوفوں کے فوم میں سوراخ کر سکتے ہیں ۔ اس لئے ان کے ڈپازٹ کی رقم میں کوئی کمی واقع نہیں ہوگی ۔ چیک لکھنے کے لئے روشنائی اور قلم کا انتظام بھی بینک ہی کی طرف سے کیا جاتا ہے ۔قلم اور روشنائی کے انتظام پر کبھی رقم خرچ ہو جاتی ہے لیکن بینک اِس خرچ کو ہنسی خوشی برداشت کر لیتے ہیں ۔ قلم بہر حال ایک ڈور میں بندھا رہتا ہے ۔ یہ محبت کی ڈور ہوتی ہے ۔ اِس ڈوری سے یہ بھی ظاہر ہوتا ہے کہ قلم پالتو ہے (خالق نہیں) بعض لوگ اِس ڈور کو بھی توڑ دیتے ہیں ۔۔۔۔۔ اہلِ قلم بننا کتنا آسان ہے ۔ اِ صوفوں کے قریب ایک بیٹھکا بھی رکھا رہتا ہے لیکن اِس کا رخ ہمیشہ چوکیدار کی طرف ہوا کرتا ہے اور ہونا بھی چاہیئے ۔ موٹے کپڑے کے اور دہ بھی بند گلے کے یونیفارم میں گرمی نہیں تو کیا جاڑا ہوگا۔ چوکیدار بذاتِ خود بھی گرم مزاج کے ہوا کرتے ہیں بلکہ اس بنا پر اِن کا تقرر ہوتا ہے ۔ بینک کے چوکیدار کا فرض ہوتا ہے کہ وہ ہر شخص کو شبہ کی نظر سے دیکھے لیکن ساتھ ہی ساتھ مسکرا تا بھی رہے ۔ مسکرانے کا اِلاؤنس اسے الگ سے دیا جاتا ہے ۔

عشق کی وارداتوں کے لئے بینک مناسب جگہ نہیں ہے لیکن یہاں دوسری قسم کی وارداتیں ہمیشہ ہوتی رہتی ہیں ۔ بینکوں میں وہ لوگ توخیر آتے ہی ہیں جن کا رویہ یہاں رکھا ہے لیکن اِن کے علاوہ دیگر قسم کے عوام الناس بھی یہاں آسکتے ہیں ۔ یہ عوام الناس وہ مخصوص اور چنندہ لوگ ہوتے ہیں جنہیں یہاں سے رویہ حاصل کرنے کے لئے رویہ جمع نہیں کرانا پڑتا ۔ یہ فن داں لوگ ہوتے ہیں ۔ فن داں اور فن کار

لوگوں میں فرق یہ ہوتا ہے کہ فن داں لوگ اپنے کام کا اشتہار نہیں دیا کرتے۔ ان کے کام کی تفصیل، کام کے ہوجانے کے بعد صرف اخباروں میں پڑھی جاسکتی ہے۔ البتہ نیم پختہ یا خام فن داں لوگ اپنے پہلے ہی ٹسٹ میں پہلی ہی گیند پر آؤٹ ہوجاتے ہیں (کیچ آؤٹ)۔ ان فن دانوں کو بنک سے روپیہ حاصل کرنے والوں کی نقل و حرکت پر نظر رکھنی پڑتی ہے اور اس لمحے کا انتظار کرنا پڑتا ہے جب وہ اپنی پلک جھپکائیں (ہر آدمی خواہ وہ کتنا ہی دولت مند کیوں نہ ہو پلک جھپکانے پر مجبور ہوتا ہے) بس اسی لمحے انھیں اپنے فن کا کمال دکھانا ہوتا ہے۔ اس لئے کہا جاتا ہے کہ ___ قسمتیں لکھی تو آسمان پہ جاتی ہیں لیکن بدلتی بنکوں میں ہیں۔

اکثر بنک "درج فہرست" بنک ہوتے ہیں لیکن اس معاملے میں درج فہرست ہونے کا مطلب کچھ اور ہوتا ہے۔ درج فہرست بنک کی ساکھ ذرا زیادہ ہوتی ہے اور انہیں وقعت کی نظر سے دیکھا جاتا ہے۔ جب کہ درج فہرست اقوام کے معاملے میں ایسی باتوں پہ وقت ضائع نہیں کیا جاسکتا۔ وقعت کوئی ہوا نہیں ہے کہ ہر طرف ٹہلا کرے۔ اس کی آمد و رفت کے مقامات مقرر ہیں۔

بنکوں میں سب سے اچھا بنک وہ سمجھا جاتا ہے جہاں کھاتہ دار کو اپنی رقم سے زیادہ رقم کا چک بھنانے کی سہولت حاصل ہو۔ اسے اوور ڈرافٹ کہا جاتا ہے۔ اس اعزاز سے آدمی بہت خوش ہوتا ہے اور وہ محسوس کرتا ہے کہ اس عظیم الشان دنیا میں کوئی حیثیت ہے۔ یہ اور بات ہے کہ اوور ڈرافٹ کی خوشی کے مارے اسے کئی راتیں جاگ کر گذارنی پڑتی ہیں اور بعض وقت اوور ڈرافٹ کی وجہ سے اُسے انڈر گراونڈ جانا پڑتا ہے۔

ملکوں کی طرح اب بنکوں کا بھی ایک تمدن ہونے لگا ہے۔ اس تمدن کے لحاظ سے انہیں اپنے کاروبار میں راز داری برتنی پڑتی ہے اور کھاتے داروں کے نام

پوشیدہ امراض کی طرح چھپانے پڑتے ہیں۔ کہا جاتا ہے کہ سوئٹزر لینڈ میں ایک بنک رازداری کے معاملے میں اتنا آگے بڑھ گیا ہے کہ خود کھاتہ داروں کو بھی معلوم نہیں ہوتا کہ ان کا روپیہ اس بنک میں جمع ہے اور اگر ہے تو کتنا ہے (بے حساب روپیہ اسے ہی کہتے ہیں۔ ہم بھی اس لاعلمی میں خوش ہیں ہمیں بھی نہیں معلوم کہ ہمارا کتنا روپیہ جمع ہے)

پہلے زمانے کے لوگ معصوم ہوتے تھے۔ یہ لوگ اپنی دولت یوں دکھایا کرتے تھے جیسے کوئی ناٹک ہو بلکہ لوگ ہر کسی کے گھر کو "دولت خانہ" ہی کہا کرتے تھے جو صحیح ہوتا تھا۔ بنک تھے ہی نہیں تو ظاہر ہے جتنی بھی دولت پاس ہوتی تھی گھر ہی میں ہوتی تھی۔ سب سے بڑا دولت خانہ، قارون کا مکان تھا لیکن یہ بہت پرانی بات ہے اگر قارون کے زمانے میں بنک قائم ہو جاتے تو بے چارہ قارون اتنا بدنام نہ ہوتا اور نہ اسے اتنے اونٹ پالنے پڑتے کہ وہ اس کے خزانے کی کنجیاں اٹھائے اٹھائے گھوما کریں۔ قارون بھی اپنا روپیہ پیسہ کسی ایسے بنک میں جمع کرواتا جہاں سے سی بی آئی کو ناکام لوٹنا پڑتا ہے۔ اب صرف بنک ہی دولت خانے ہوتے ہیں۔ اور اگر آپ کا روپیہ وہاں جمع ہے تو آپ بلا تکلف اسے اپنا دولت خانہ کہہ سکتے ہیں۔ ہمارے دوست ڈاکٹر خاں سے جب بھی کوئی ان کے دولت خانے پتہ پوچھتا ہے وہ اسٹیٹ بنک کا پتہ دیدیتے ہیں۔ مسافروں کے روپئے کی حفاظت کے لئے اب بنکوں سے ایسے چیک جاری کئے جاتے ہیں جو کسی بھی شہر میں بھنائے جا سکتے ہیں۔ اب سفر کے دوران آپ کی جیب نہیں کٹ سکتی صرف سفر ختم ہونے پر کٹ سکتی ہے جس پر آپ کو کوئی اعتراض نہیں ہونا چاہئے۔ سبھی شہروں کے لوگ آپ کے ہم وطن ہیں ان کا بھی خیال رکھنا ضروری ہے۔

بنک اب صرف روپوں پیسوں ہی کے بنک نہیں ہوتے بلڈ بنک، بک بنک،

۶۳

دوا بنک ، آنکھ کی پتلی کے بنک اور اس قسم کے سبھی بنک قائم ہو گئے ہیں ۔ بعض ملکوں
میں جب قومی اتحاد کے مظاہرے کا موسم آتا ہے تو سڑکوں پر بھی بلڈ بنک کھل جاتے ہیں ۔
ردی بنک تو ہر اس دوکان میں ہوتا ہے جہاں ردی بکا کرتی ہے ۔ شاعروں کا کلام اور
ادیبوں کے رشحاتِ قلم اتنے سستے داموں اور کسی ملک میں نہیں بکا کرتی ۔ کچھ بنک
صرف وعدوں اور باتوں کے بنک ہوتے ہیں ۔ ان بنکوں کے کاروبار میں کبھی گھاٹا
نہیں ہوتا یہ سب سے بڑا دولت خانہ ہوتا ہے ۔

■■

٦٤

کبھی ہم میں تم میں قرار تھا

وعدہ وہی عمدہ اور اہم ہوتا ہے جو پورا نہ کیا جائے۔ جو وعدے بھولے سے یا جان بوجھ کر پورے کئے جاتے ہیں پھلجڑی کی طرح ہوتے ہیں۔ ان کی کوئی ادبی یا تاریخی حیثیت نہیں ہوتی صرف وہی وعدے ادب اور تاریخ کا حصہ بنتے ہیں جو ایفا نہ کئے جائیں۔ کہا جاتا ہے تیمور لنگ نے اپنی شادی کے موقعہ پر یہ وعدہ کیا تھا کہ وہ اپنی بیوی کے مہر میں دوسری چھوٹی بڑی چیزوں کے علاوہ ایک ملک چین بھی دے گا لیکن تیمور لنگ نے یہ وعدہ پورا نہیں کیا یقیناً کوئی عذرِ لنگ پیش کر کے بیوی سے مہر کا یہ حصہ معاف کروالیا ہوگا۔ (مہر کے بارے میں عام طور پر یہی طریقہ رائج ہے بلکہ حال حال تک مہر کے سلسلے میں یہ قاعدہ مقرر تھا کہ اس میں روپے پیسے کے علاوہ کچھ ایسی چیزیں بھی لکھی جائیں جو دنیا میں سرے سے ہوں ہی نہیں یا اگر ہوں تو حاصل نہ کی جاسکیں مثلاً پانچ دینارِ سُرخ۔ ایک سیر مشکِ ختن یا دو عدد اشکِ بلبل۔

تیمور لنگ کی اس وعدہ خلافی سے اس کی بیوی کا جو نقصان ہوا وہ تو ہُوا

رہی، خود تیمور لنگ کی نیک نامی کو کافی نقصان پہنچا۔ اس سے تو ایسٹ انڈیا کمپنی اچھی رہی جس نے کوئن وکٹوریہ کے جہیز میں بنا مانگے شہر بمبئی دے دیا۔ اس وقت سے یہ شہر مسلسل ترقی کر رہا ہے۔

اپنے کئے ہوئے وعدے کو پورا کرنا بڑی ہمت اور سلیقے کا کام ہے۔ دو دوستوں نے جو بڑے زمانے کے بعد ملے تھے شراب خانے میں بیٹھ کر یہ وعدہ کیا کہ وہ ٹھیک ایک سال بعد اسی مقام پر اسی تاریخ کو ٹھیک ۸ بجے ملیں گے ایک سال بعد مقررہ تاریخ اور معینہ وقت پر جب پہلا دوست شراب خانے میں پہنچا تو دوسرا دوست وہاں پہلے ہی سے موجود تھا۔ پہلے دوست نے خوش ہو کر کہا، یار تم نے کمال کر دیا جو ٹھیک وقت پر یہاں پہنچ گئے۔ دوسرے نے جواب دیا اس میں کمال کی کیا بات ہے۔ یہاں سے میں گیا ہی کب تھا۔؟

بڑے لوگوں میں ہمیشہ سے یہ چلن رہا ہے کہ وعدے پر وعدے کئے جائیں۔ اپنے کسی عقیدت مند سے (مصاحب اور عقیدت مند میں وہی فرق ہوتا ہے جو سارنگی اور تان پورے میں ہوا کرتا ہے) ایک رئیس نے یہ وعدہ کیا کہ وہ اس کے لئے ایک مکان بنوا دیں گے اور ایک شخص نے دو چار سال بعد (وہ زندہ ہی اس امید پہ رہا کہ مکان بن جائے گا) شکایتاً عرض کیا کہ حضور وہ مکان اب تک نہیں بنا اور میرا اب زیادہ دن زندہ رہنے کا ارادہ نہیں ہے تو رئیس موصوف نے ایک اور وعدہ کیا کہ ہٹاؤ ہم تمہیں ایک باغ تحفے میں دے دیں گے (سبز باغ)

ایک صاحب اقتدار شخص نے کسی شاعر سے یہ وعدہ بلکہ معاہدہ کیا تھا (اس معاہدے میں ان کی بیوی کا بھی ہاتھ تھا) کہ اگر وہ ان کی شان میں

ایک قصیدہ کہنے تو وہ اسے ولایتی شراب میں نہلا دیں گے۔ شاعر نے جسے پانی کے غسل سے کوئی رغبت نہ تھی، ولایتی شراب سے غسل کی لالچ میں ان کی شان میں نہایت ہی نفیس اور ہر قسم کی دروغ بیانی سے مزین قصیدہ کہہ کر ہر محفل میں سُنایا! پڑھا۔ گایا لیکن بات دیسی سے آگے نہیں بڑھی۔ اس کے برعکس ایک عاشق مزاج شراب ساز نے البتہ اپنی محبوبہ کو واقعی شراب میں نہلا دیا۔ اس محبوبہ نے شرط یہ رکھی تھی کہ اگر وہ شراب ساز عاشق اُسے خالص فرانسیسی وہسکی میں نہلا دے تو وہ اس کے ساتھ ایک شام گذارے گی (شام گذارنا ایک محاورہ ہے جس کے معنی وہی سمجھتا ہے جس پر یہ گذری ہے) اس شخص کے ہاں کیا کمی تھی۔ شراب کا تو اس کا کارخانہ ہی تھا اس نے اپنے گودام میں رکھی ہوئی بوتلیں کھلوائیں اور نہانے کا ٹب وہسکی سے بھروا دیا۔ میڈم اس میں سے نہا کے نکلیں (بلکہ مشکل سے نکالی جاسکیں) تو اس ملک التجار نے نوکروں کو حکم دیا کہ شراب پھر بوتلوں میں بھر دی جائے۔ جب بوتلیں بھری گیئں تو پانچ بوتل شراب زیادہ نکلی (دہرا منافع)

مرد حضرت آدم کے وقت سے عاشق رہے ہیں (یعنی عورتوں میں بھی یہ مردانہ خصوصیات پائی جاتی ہیں لیکن اوسط کم ہے) عورتوں کے کہنے میں آکر کچھ کا کچھ کر دینا مردوں کی عادت رہی ہے۔ عاشقوں کی ڈائریوں میں ایسے بیسیوں وعدے درج ہوتے ہیں جو ان کے معشوق ایفا نہیں کرتے۔ ان لوگوں کو خود اس کا یقین ہوتا ہے کہ یہ وعدے ایفا نہیں ہوں گے۔ لیکن یہ لوگ پابندی سے ہر دسمبر کے مہینے میں اگلے سال کی ایک ڈائری صرف اِن وعدوں کی کھتاونی کے لئے قیمتاً یا تحفتاً ضرور حاصل کرکے

رہیں گے ۔ان وعدوں کو ادب میں 'وعدہ فردا' کہا جاتا ہے لیکن اب لوگوں
کی ڈائریوں میں وہ وعدے زیادہ لکھے ہوتے ہیں جن کی نوعیت معاشی اور
سیاسی ہوتی ہے اور جو وقتے وقفے سے نہ کئے جاتے رہیں تو لوگوں کو عجیب
عجیب معلوم ہونے لگتا ہے ۔ان میں سے اکثر وعدے پورے بھی ہو جاتے
ہیں مثلاً چند سال پہلے ایک معاشی وعدہ کیا گیا تھا کہ آبپاشی کے کاموں
میں اب دیر نہ ہوگی ۔تھوڑے ہی دنوں میں ہر علاقہ "نزعلاقہ" ہوگیا ۔
بعض صورتوں میں وعدوں کو تحریری لباس دینا پڑتا ہے ۔اس لئے
ادب میں کا غذی پیراہن کہا جاتا ہے ۔ اور جب یہ وعدہ دو طرفہ ہو تو
یہ معاہدہ کہلاتا ہے ۔ معاہدے میں ہر دو فریق معاہدے کی خلاف ورزی
کرنے کے پابند ہوتے ہیں بس دیکھنا یہ ہوتا ہے کہ بازی کون لے جاتا
ہے۔ معاہدوں پر گواہوں کے دستخط بھی ضرور ہونے چاہئیں ۔ ہر آدمی کے
مجم میں یہ خاصیت ہوتی ہے کہ جب بھی وہ کسی جگہ یا کسی معاملے میں گواہی
دیتا ہے تو خود بخود معتبر بن جاتا ہے ۔گواہوں کا پہلے سے معتبر ہونا ضروری
نہیں ہے ۔ شادی بیاہ کے معاہدوں پر بھی گواہوں کے دستخط ہوتے ہیں اور
عام طور پر یہ دستخط ایسے لوگوں کے ہوتے ہیں جن کی شادی کے معاہدے فسخ
ہو چکے ہوتے ہیں۔ معتبری کے لئے تجربہ بری چیز ہے ۔ شادی کے معاہدوں
میں ایک خوبی بہرحال ہوتی ہے ۔ ہر سال ان کی تجدید نہیں کرانی پڑتی اور
نہ ریڈیو یا ٹی وی لائیسنس کی طرح ان کی فیس ادا کرنی پڑتی ہے ۔(پتہ
نہیں اس میں کس کی غفلت کو دخل ہے)
مالک مکان اور کرایہ داروں میں بھی اس بات کے معاہدے کئے جاتے

ہیں کہ نہ تو مالک مکان گھر کی مرمت کروائے گا اور نہ کرایہ دار، کرایہ ادا کریگا مالک مکان ہمیشہ اس فکر میں رہتا ہے کہ مکان کی مرمت کی بجائے کرایہ دار کی مرمت کر سکے اور کرایہ دار ہمیشہ مالک مکان کی مذمت میں مصروف رہتا ہے ۔ اِن دونوں معاہدہ کاروں کی ملاقات جب بھی ہوتی ہے عدالت میں ہوتی ہے ۔ ان کا کسی دوسرے پرائیویٹ یا پبلک مقام پر ملنا خطرے سے خالی نہیں ہوتا ۔ ان کی ملاقات کے لئے عدالت سے زیادہ محفوظ کوئی اور مقام نہیں ۔ یہاں دونوں خود کو بہت زیادہ پائیدار بھی محسوس کرتے ہیں ۔ کیونکہ دونوں فریقوں کے وکیل انہیں اطمینان بلکہ یقین دلا چکے ہیں کہ ان کا کیس بہت مضبوط ہے ۔ (کمزور تو صرف مکان ہوتا ہے)

شادی کے معاملے میں جہاں تک نئے رسم و رواج کا تعلق ہے، مرد کو اور بہت سی چیزوں کے علاوہ، لڑکی کا ہاتھ مانگنا پڑتا ہے اور وہ بھی بالراست نہیں، بالواسطہ ! ایک نوجوان نے کسی نہایت دولت مند شخص سے اس کی لڑکی کا ہاتھ مانگا تو اس شخص نے پوچھا کہ تم میری لڑکی کا کون سا ہاتھ مانگ رہے ہو ۔ نوجوان امیدوار بہت سٹپٹایا اور بولا میں سمجھا نہیں ۔ اس نہایت دولت مند شخص نے کہا اگر تم میری بیٹی کا وہ ہاتھ مانگ رہے ہو جو ہمیشہ میری جیب میں رہتا ہے تو مجھے کوئی اعتراض نہیں ۔ لیکن اب نوجوان لوگ بہت محتاط ہو گئے ہیں اور ہاتھ مانگتے وقت صرف لڑکی کے والد کا دستِ شفقت مانگتے ہیں ۔ اس میں ہر چیز داخل ہوتی ہے ۔ دستِ شفقت مکمل دلوائی ہوتا ہے ۔ ایک خسر نے اپنے ہونے والے داماد سے یہ وعدہ کیا کہ وہ شادی کے بعد اسے اپنا دستِ چپ بنائیں گے ۔

تو نوجوان نے پوچھا آپ مجھے اپنا دستِ راست کیوں نہیں بنالیتے' تو صاحبِ موصوف نے جواب دیا گھبراؤ نہیں۔ میں اپنے سب کام بائیں ہاتھ ہی سے کیا کرتا ہوں۔ سیدھا ہاتھ تو میں نے صرف مصافحوں کے لئے رکھ چھوڑا ہے۔

شادی کے معاہدوں میں ایک خوبی یہ بھی ہوتی ہے کہ شادی سے پہلے "ناشادی" کرنی ضروری نہیں جب کہ صلح کے معاہدوں کے لئے صلح سے پہلے ایک جنگ ضرور کرنی پڑتی ہے۔ ان دونوں معاہدوں میں فرق یہ ہوتا ہے کہ ایک معاہدے سے جنگ ختم ہوتی ہے اور ایک معاہدے سے مسلسل جنگ کا آغاز ہوتا ہے۔

بعض سیاسی معاہدے معمولی روشنائی سے نہیں خون سے لکھے جاتے ہیں۔ سیاسی معاہدوں کے لئے جو خون استعمال ہوتا ہے وہ نظر نہیں آتا۔ وہ 'خونِ ناحق' ہوتا ہے۔ اس کی خوبی یہ ہوتی ہے کہ اس کا کوئی خوں بہا نہیں ہوا کرتا۔ حق کی تو کوئی قیمت ہو بھی سکتی ہے ناحق کی کیا قیمت ہوگی۔ یہ کوئی مانگتا بھی نہیں۔ ہر جگہ سائیلنسر لگے ہوئے ہیں ———

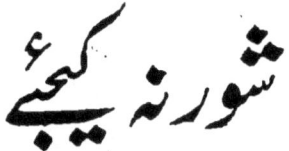

شور نہ کیجئے

شہروں میں اور خاص طور پر بڑے شہروں میں سکون اور اطمینانِ قلب کی کوئی جگہ ڈھونڈنا ایسا ہی ہے جیسے کسی ادبی رسالے کے خاص نمبر میں کسی خاص بات کی تلاش۔

شہروں میں بہرحال ایک ایسی جگہ ہوتی ہے جہاں سناٹا ہوا کرتا ہے۔ یہ جگہ لائبریری کہلاتی ہے۔ اکثر لائبریریوں میں تو ہُو کا عالم رہتا ہے۔ لائبریری وہ مقام ہے جہاں لائبریرین کے سوا کوئی نہیں جاتا۔ لائبریرین بے چارا بھی وہاں جانے پر اس لئے مجبور ہے کہ اسے اس کام کی تنخواہ ملتی ہے۔ (مشہور تو یہی ہے کہ اُسے تنخواہ بھی دی جاتی ہے) بعض لوگوں کا خیال ہے کہ یہ شخص بھی بس کبھی کبھی ہی وہاں جاتا ہے (اتنی عقل تو اس میں ہونی ہی چاہیئے) لائبریری میں آپ بیٹھیں تو ایسا معلوم ہوتا ہے جیسے ایلورا کے کسی غار میں بیٹھے ہوئے ہیں (یہ مثال ان دنوں کے لئے ہے جب سیاحوں کا موسم نہ ہو) ذات کی تنہائی کے لئے کسی تنہا یا ویران مقام کی ضرورت تو نہیں ہوا کرتی لیکن ضرورت پڑنے پر لائبریری ہی کا رُخ کرنا چاہیئے۔

کہتے ہیں ایک کیبرے ڈانسر سے کسی دانشور نے پوچھا کہ تم اتنی پڑھی لکھی ہو

اور ایسے گھٹیا ہوٹل میں ڈانس کرنے آتی ہو' اس کی کیا وجہ ہے ؟ ڈانسر نے
جواب دیا کہ اسے پڑھے لکھے لوگوں سے ملنے کا بڑا شوق تھا اور اس نے اسی شوق
کی خاطر ایک لائبریری میں ملازمت بھی کی تھی لیکن وہاں کسی اعلیٰ تعلیم یافتہ شخص
سے اس کی کبھی ملاقات نہیں ہوئی اور جب سے اس نے اس گھٹیا ہوٹل میں
آنا شروع کیا ہے' وہ شہر کے ہر دانشور سے مل چکی ہے ____ کیا تعجب' یہ بات
صحیح ہو کیونکہ ڈانسر کو کوئی چیز پوشیدہ رکھنے کی ضرورت بھی کیا ہے ۔
کسی مصنف کی کتاب کا فٹ پاتھ پر پہنچ جانا پہلے بہت بہت بُرا سمجھا جاتا تھا
(فٹ پاتھ کو لوگ نہایت ناقص قسم کی چیز سمجھتے ہیں اور اس پر چلنا بھی گوارا
نہیں کرتے' وہ ہمیشہ سڑک کے نیچے میں چلا کرتے ہیں)۔ لیکن اب اگر کسی مصنف کی
کتاب' کسی لائبریری میں پہنچ جائے تو اسے اس کی سب سے بڑی بدقسمتی سمجھا جاتا
ہے ۔ فٹ پاتھ پر کتاب رکھی رہے تو کیا تعجب بھولے بھٹکے کسی کی نظر اس پر
پڑ جائے بلکہ یہ فٹ پاتھ پر پہنچتی ہی اس وقت ہے جب یہ پڑھی جا سکتی ہے ۔ کتاب
کا سکنڈ ہینڈ ہونا اُس کی عزت کی بات ہے ۔ لائبریری کی الماری میں بڑے اہتمام اور
قرینے سے سجی ہوئی کتاب تو آج ۲۵' ۳۰ سال پہلے کی اس پردہ نشین خاتون کی
طرح ہوتی ہے جس کے آنچل کی ہلکی سی جھلک بھی نظر آ جاتی تو طوفان کھڑا ہو جاتا
تھا (اس زمانے میں چونکہ الیکشن کے امیدوار وغیرہ نہیں ہوا کرتے تھے اس لئے
ایسی ہی چیزیں کھڑی ہوا کرتی تھیں) ان کتابوں کا آنچل بھی کبھی نہیں میلا
ہوا کرتا ۔ حالانکہ کتابوں کے گرد یوکشنس آج کل اتنے نفیس اور خوبصورت ہوتے
ہیں کہ کم سے کم انہیں تو دیکھا ہی جا سکتا ہے لیکن صرف گرد پوشش دیکھنے
کے لئے لائبریری کون جائے ۔ آرٹ گیلری اس کام کے لئے بہتر جگہ ہے ۔

۷۳

اگر مصنف خود ہی لائبریری جا کر اپنے ہی نام اپنی کتاب نہ نکلوائے تو کتاب میں رکھا ہوا کارڈ، اس کی قسمت ہی کی طرح معّریٰ ہے۔ (اس میں ایک اور فائدہ یہ ہے کہ اگر ناحسنِ اتفاق سے یہ کتاب کسی اور نے پڑھ لی ہے تو مصنف کو اپنے بارے میں اس معزز شخص کی رائے بھی معلوم ہو جائے گی۔ یہ رائے کتاب میں جگہ جگہ درج ہوگی کیونکہ لائبریری کی ہر کتاب، کتاب الرائے ہوا کرتی ہے!

پڑھے لکھے لوگوں نے ان دنوں اپنی اپنی ذاتی لائبریریاں بنالی ہیں۔ ان لائبریریوں میں گم شدہ اور مسروقہ کتابوں کا نایاب ذخیرہ ہر تلبہ لیکن الماریاں بہر حال ان کی اپنی ہوتی ہیں۔ اس میں ان کی مجبوری کو دخل ہے کیونکہ کتابیں تو مستعار لی جاتی ہیں لیکن الماریوں کے معاملے میں یہ طریقہ ابھی شروع نہیں ہوا (ہمارے پسماندہ ہونے کا یہ بھی ایک ثبوت ہے) گھریلو لائبریری قائم کرنے والوں کو اتنی قربانی تو دینی ہی چاہیے۔ ذاتی لائبریری میں مختلف ترکیبوں سے جمع کی ہوئی کتابوں کا پڑھا جانا ضروری نہیں۔ کبھی کبھی انہیں جھٹک کر ٹھیک سے رکھ دینا کافی ہے۔ بعض لوگ ان کی طرف سال میں ایک آدھ مرتبہ نظر اٹھا کر دیکھ لینا بھی کافی سمجھتے ہیں۔ ان لوگوں کی بات البتہ الگ ہے جو خود کے لئے نہیں دوسروں کے لئے مطالعہ فرمایا کرتے ہیں۔ یہ لوگ ایک کتاب پڑھ کر جب تک دوسروں سے اپنے مطالعے کا انتقام نہیں لے لیتے انہیں بلڈ پریشر رہتا ہے۔ یہ سمجھتے ہیں اگر انہوں نے ایسا نہیں کیا تو ان کی ازدواجی زندگی میں فتور آ جائے گا۔ پڑھتے تو خیر یہ دوسروں کے لئے ہیں لیکن لکھتے خود کے لئے ہیں۔ احتیاط یہ ہوتی ہے کہ کوئی دوسرا سمجھ نہ لے۔ ان کی تصنیف میں ان کا اپنا حصہ اتنا ہی ہوتا ہے جتنا سمندر میں خشکی کا۔ (اتنا کثیر حصہ معمولی بات نہیں)

یہ لوگ بہرحال ان مصنّفوں سے بہتر ہوتے ہیں جو صرف لکھنا جانتے ہیں پڑھنا نہیں۔

لائبریریوں میں پہلے جگہ جگہ یہ ہدایت لکھی ہوتی تھی کہ شور نہ کیجئے۔ شور نہ کیجئے۔ اب اِن ہدایتوں کی ضرورت باقی نہیں رہی۔ ضرورت تو ہے لیکن مشکل یہ ہے کہ ابابیلیں نوٹسیں نہیں پڑھا کرتیں۔ ■■

۷۴

بالائے طاق

یہ سمجھنا کہ ہمارا معاشرہ پہلے بے حد شرمیلا اور پردہ نشین قسم کا معاشرہ تھا اور یہ سوچنا کہ ہماری سابقہ نسلوں کے افراد کے ہاں سیکس ناپید تھا۔ صحیح نہیں ہے اس میں کوئی قباحت بھی نہیں ہے کیونکہ آدمی کتنا ہی گیا گذرا نہ ہو آدمی ہوتا ہے' فرشتہ نہیں ہوتا۔ غالب کے یہ ۶ شعر جو آپ کی خدمت میں پیش کئے جانے والے ہیں اس لحاظ سے تاریخی اور اہم ہیں کہ ان سے چند حقائق کھل کر ہمارے سامنے آتے ہیں۔

آدمی کی نفسیات، عمر اور رتبے کے لحاظ سے بدلتی رہتی ہے۔ آدمی کی نفسیات اور کسی ملک کی خارجہ پالیسی میں گہری مشابہت ہوتی ہے۔ آدمی کے سوچنے، سمجھنے اور کرنے کرانے کا ڈھنگ ہمیشہ ہی بدلا کرتا ہے کیونکہ آدمی خاک کا پتلا تو ہے لیکن پتھر کا مجسمہ نہیں۔ آدمی کے ضمیر میں بنیادی طور پر صرف ۴ عناصر داخل کئے گئے ہیں جو ادب میں عناصر اربعہ کے نام سے مشہور ہیں۔ آب و آتش اور خاک و باد ۔۔ (نمک، خون اور دیگر جراثیم بعد کی پیداوار ہیں اور ان چیزوں کو فنی مشکلات کی وجہ سے عناصر کا نام دیا بھی نہیں جاسکتا) آدمی کے جسم میں پانی اس لئے رکھا گیا کہ آنسو

۷۵

پانی ہی سے بنتے ہیں (انگلیسرین والے آنسو صرف غزلوں میں رائج ہیں) ایک شاعر نے تو یہاں تک کہا ہے کہ شبنم کی طرح سے ہمیں رونا نہیں آتا اور یہ کہ اگر ہم رونے پر آ جائیں تو دریا کے دریا بہا دیں ۔ یہی وجہ ہے کہ ہندوستان میں دریاؤں کی تعداد زیادہ ہے اور ان میں وقفے وقفے سے طغیانیاں آتی رہتی ہیں ۔ شاعروں کے جسم میں پانی کی مقدار آدمیوں کے مقابلے میں ذرا زیادہ ہوتی ہے ۔ کیونکہ ان کے فرائض منصبی کی نوعیت الگ ہے ۔

دوسری چیز ہے آگ ۔ آگ کی آمیزش اس لیے ضروری تھی کہ آدمی بغیر پڑھے لکھے آتش بیاں مقرر بن سکے ۔ وہ ہر موضوع پر جس سے اس کا اور اس کے آباء و اجداد کا کوئی تعلق نہ ہو ، آتشیں تقریر کر سکے اور مجمع عام میں تقریر کرتے وقت سامعین کے وافر اور غیر ضروری جذبات کو بھڑکا سکے ، آدمیوں کے جذبات کا بھڑکنا اکثر موئنوں پر ضروری بھی ہوتا ہے کیونکہ اگر یہ نہ بھڑک کا کریں تو آدمی ریفریجریٹر بن جائے اور پورا ملک کولڈ اسٹوریج بن جائے ۔

مٹی کی موجودگی ، اس لیے لازمی قرار پائی کہ زندگی گذارتے وقت آدمی کو خاک چھاننے میں تکلیف نہ ہو ۔ شریف آدمی ہمیشہ ایک دوسرے کو خاک ہی میں بلایا کرتے ہیں ۔ رہی ہوا ۔۔۔۔۔ تو آدمی کے جسم میں اس کا داخلہ اس لیے ضروری تھا کہ گیسس ہوا ہی سے بنتی ہیں اور بنا گیسوں کا آدمی ، ان دنوں ادھورا ہی سمجھا جاتا ہے ۔ اور شاید اسی ہوا سے سانسیں بھی بنتی ہیں ۔ جس آدمی کی سانس میں مہک نہیں ہوتی اسے بوقت عشق ناپسند کیا جاتا ہے ۔ اس کمی کو کسی خوشبو دار ٹوتھ پیسٹ سے پورا کیا جاتا ہے ۔ آدمی کے جسم میں مزید آٹھ دس عناصر اربعہ کی گنجائش اور تھی کیونکہ آدمی کا جسم تنگنائے غزل نہیں ہے لیکن اضافے کا یہ معاملہ حکیموں ، ویدوں ، طبیبوں اور ڈاکٹروں کے صوابدید پر چھوڑ دیا گیا اور یہ لوگ حسب مقدور اس مسئلے پر توجہ دے رہے ہیں ۔

آدمی کو تختۂ مشق بنانے میں خود آدمی ہی سب سے زیادہ دلچسپی لیتا ہے۔

مروّجہ ۴ عناصر پر مشتمل آدمی ہر دور میں یکساں حالت میں پایا گیا ہے۔ شروع شروع میں وہ سمٹا سمٹایا رہتا ہے، شرماتا ہے، لجاتا ہے۔ کئی موقعوں پر تکلف سے کام لیتا ہے اور اکثر موقعوں پر اُسے تامّل ہوتا ہے لیکن رفتہ رفتہ وہ نارمل آدمی بن جاتا ہے۔

غالب نے اپنے اوّلین اشعار میں سے ایک شعر میں اپنے محبوب کی ابتدائی مشکل اور کیفیت کا اظہار اِن الفاظ میں کیا ہے۔

غنچۂ ناشگفتہ کو دُور سے مت دکھا کہ یوں
بوسے کو پوچھتا ہوں میں مجھ کو بتا کہ یوں

اس شعر کے پہلے مصرعے کو غور سے پڑھا جائے تو اس سے تامّل، تکلف، تذبذب، ذہنی کشمکش، ڈر، خوف کے علاوہ شرم اور لحاظ کے عوارض اور عوامل کا اندازہ ہوتا ہے جن سے مشرقی تہذیب کی چار دیواری بنتی ہے۔ خود غالب بھی اپنی ابتدائے عمر میں عرصے تک تذبذب کے شکار رہے۔ انھوں نے اپنی کیفیت کا اظہار یوں کیا ہے ؂

لے تو لوں سوتے میں اُس کے پاؤں کا بوسہ مگر
ایسی باتوں سے وہ کافر بدگماں ہو جائے گا

اس کے کئی دنوں بعد جب اُن میں سماجی اور سیاسی شعور پیدا ہوا تو انھوں نے اشارتاً محبوب سے کچھ کہا جس کا محبوب نے ٹکا سا جواب دیا۔ یعنی دُور سے غنچۂ ناشگفتہ دِکھا دیا (اسے عام زبان میں انگوٹھا دکھانا کہا جاتا ہے)

غالب نے اِس واقعہ فاجعہ کے بعد محبوب پر کڑی نگرانی رکھی۔ اس کی نقل د

حرکت پر ان کا اتنا سخت پہرہ تھا کہ محبوب اگر خواب میں بھی کسی کے ہاں جاتا تو انھیں اس کی اطلاع ہو جاتی۔ ایک مرتبہ محبوب کے پاؤں دُکھ رہے تھے تو غالب کو شُبہ ہوا کہ ضرور یہ شخص رات کو کسی کے خواب میں ہو آیا ہے۔ فرماتے ہیں ؎

شب کو کسی کے خواب میں آیا نہ ہو کہیں
دُکھتے ہیں آج اس بُتِ نازک بدن کے پانو

اس کے بعد وقت تیزی سے گذرنے لگا۔ وقت ہمیشہ ہی تیزی سے گذرتا آیا ہے کیونکہ اگر یہ بھی کرکٹ کے اسکور کی طرح سُست ہونے لگے تو قیامت کب آئیگی وقت گذرتا رہا اور محبوب نے بھی اپنی شرم وحیا بالائے طاق رکھ دی (ہر گھر میں طاق ضرور ہوا کرتے ہیں۔ آرکیٹیکٹ کتنا ہی عظیم الشان اور ماڈرن کیوں نہ ہو — دیواروں میں طاق ضرور بناتا ہے۔ آج سے سو ڈیڑھ سو سال پہلے تو گھر کم بنتے تھے اور طاق زیادہ) غالب کی نظر بچاکر محبوب اپنی خانگی مصروفیات میں زیادہ سے زیادہ حصہ لینے لگا۔ اور غالب ایک دن ہکّا بکّا رہ گئے۔ وہی محبوب جو کافی فاصلے سے غنچۂ ناشگفتہ دکھایا کرتا تھا۔ غالب کے بالکل قریب آگیا اور پیش دستی کی — غالب بہت جُزبز ہوئے اور انھوں نے اپنی ذہنی پریشانی کا اظہار بڑے کرب سے اس طرح کیا ؎

صحبت میں غیر کی نہ پڑی ہو کہیں یہ خُو
دینے لگا ہے بوسہ بغیر التجا کئے

یہ معاشرتی انقلاب کا پہلا دھماکا تھا۔ مشرقی تہذیب کی چار دیواری میں رخنے پڑنے شروع ہو گئے تھے۔ دیواریں، مشاعروں کے سامعین کے سروں کی طرح ہلنے لگی تھیں۔ غالب کو پہلے صرف شُبہ تھا لیکن ایک مرتبہ تو انھوں نے چشم دید

واقعہ" دیکھ لیا۔ اس دن غالب بہت جھلّائے اور ان کے غصّے کا پارہ چڑھ گیا (چڑھنا بھی چاہیئے تھا۔ وہ مغل زادے ہوئے تو کیا ہوا، غصّے کا حق انھیں بھی تھا) غالب نے اِس سے پہلے محبوب کو کبھی نہیں ڈانٹا تھا کیونکہ محبوب، ڈانٹنے کی چیز نہیں ہوا کرتے لیکن جب حالات قابو سے باہر ہو جائیں اور بات کہیں کی کہیں پہنچ جائے تو آدمی کتنا ہی بردبار اور وسیع القلب کیوں نہ ہو، اپنے جذبات پر قابو نہیں پا سکتا۔ غالب چاہتے تو بہت کچھ کر سکتے تھے لیکن انھوں نے صرف اتنا کہا:

کیا خوب تم نے غیر کو بوسہ نہیں دیا
بس چپ رہو، ہمارے بھی منہ میں زبان ہے

'محبوب' کو بس چپ رہو۔ کہنا معمولی بات نہیں۔ اردو شاعری کی تاریخ میں اس سے پہلے کبھی ایسا نہیں ہوا۔

سنی سنائی بات ہوتی تو غالب سہہ بھی جاتے اور سابق میں انھوں نے یہی نرم رویّہ اختیار کیا تھا۔ احتیاطاً صرف شبہ کا اظہار کیا تھا کہ غیر کی صحبت میں یہ عادت نہ پڑی ہو لیکن آنکھوں دیکھے معاملے پر وہ کیسے صبر کر لیتے۔ وہ عاشق ضرور تھے لیکن بنیادی طور پر وہ آدمی تھے چشم دید واقعات میں قصوروار شخص کو شبہ کا فائدہ دے کر بری کرنے کا سوال ہی نہیں پیدا ہوتا۔

غالب کے یہ ۵ شعر، پانچ نکاتی نہیں بلکہ عین واقعاتی شعر ہیں۔ یہ اصل میں روزنامچہ ہیں کیونکہ پولیس ڈائری کے اندراجات بھی اسی نوعیت کے ہوا کرتے ہیں۔ اپنے مہندی رچے ہاتھوں سے، دور کھڑے رہ کر بندگی دکھانے والا نو عمر شخص چند ہی دنوں میں اتنی منزلیں طے کرے گا۔ غالب یہ بات سوچ بھی نہیں سکتے تھے ــ غالب دل سے چاہتے تھے کہ اس سلسلے میں کوئی تادیبی کارروائی کریں

٦٧

لیکن جب اُنھوں نے اپنے قریبی دوستوں سے مشورہ کیا تو سبھی نے اور خاص طور پر غلام مصطفیٰ خاں شیفتہ نے اُنھیں کوئی سخت قدم اُٹھانے سے منع کیا۔ غالب اوروں کی رائے نظر انداز کر سکتے تھے لیکن غلام مصطفیٰ خاں شیفتہ کو ناراض نہیں کر سکتے تھے کیونکہ شیفتہ اُن کے کلام کا انتخاب کر رہے تھے اس لیے غالب نے انتقامی کارروائی کا منصوبہ ملتوی کر دیا اور کہا کہ :

ان پری زادوں سے لیں گے خُلد میں ہم انتقام
قدرتِ حق سے یہی حوریں اگر واں ہوگئیں

جنت میں سیکس کی ترویج و اشاعت کا پروگرام صرف غالب ہی بنا سکتے تھے۔

■■

جی سے بھلایا نہ جائے گا

آج سے کوئی ۲۰، ۲۵ سال پہلے جب ہم منصور آباد میں تھے تو ہمیں حضرت وصّال جانشین حضرت مہجور منصور آبادی کے پڑوسی ہونے کا شرف حاصل ہوا تھا۔ اور ہم کامل چار سال تک ان کے احسانوں تلے دبے رہے۔ حضرت وصّال اپنے استادِ ثانی، حضرت مہجور کی زندگی ہی میں ان کے جانشین ہوگئے تھے (اُن کے استادِ اوّل کوئی اور صاحب تھے جو اُنہیں زیادہ دن برداشت نہیں کرسکے تھے) استاد کی زندگی ہی میں جانشین ہوجانے کے واقعات ادب کی تاریخ میں بہت کم ہیں۔ کیونکہ اُستاد کو معزول کرنے کا رواج ادب میں نہیں ہے۔ لیکن حضرت مہجور منصور آبادی نے اپنی جانشینی، حضرت وصّال کے نام اُس وقت ہبہ کردی جب انھیں یہ گمان گذرا تھا کہ حضرت وصّال ان کی ہمسری کا دعویٰ کرنے والے اور اپنی ایک علاحدہ مملکت قائم کرنے والے ہیں۔ حضرت مہجور اس وقت کافی معمر ہوچکے تھے اور ان کے اعضائے رئیسہ بھی بڑی حد تک مضمحل ہوچکے تھے اس لئے انھوں نے حضرت وصّال کی مبینہ

بغاوت کو فروغ کرنے کا منصوبہ نہیں بنایا بلکہ بذات خود اپنے ہی ہاتھوں سے
اپنے سر کی دستارِ فضیلت حضرت وصال کے سر پر منتقل کر دی ۔ کہتے ہیں
استاد موصوف نے اپنی دستار جو ان کے شاگردوں کی نظر میں دستارِ فضیلت
تھی، اپنے شاگرد کے سر پر صرف سرزنش کے لئے رکھی تھی ۔ حضرت وصال نے
بھی یہ جانشینی اس لیے قبول کر لی تھی کہ استاد کا سارا غیر مطبوعہ کلام انہیں کو
عطا کیا جانے والا تھا (اسے قبول کرنے والا اور تھا بھی کون ؟)

حضرت وصال تنہا رہتے تھے ۔ ان کی بیوی تھیں نہیں اور غالباً اس
وجہ سے ان کے کوئی اولاد بھی نہیں تھی ۔ ان کے خاندان میں بھیوں بھی شادی
وغیرہ کرنے کا رواج کم رہا ہے اور اگر کسی نے شادی کی بھی تو خاندان بحر مختصر
ہی میں رہا ۔ یہ اپنے والدہ کی تنہا اولاد تھے اور والد مرحوم کی جائیداد کے علاوہ
انہیں اپنے دوسرے رشتہ داروں سے بھی ترکہ بلا تھا ۔ اس لیے انہیں شعر
کہنے کے علاوہ کچھ اور کرنے کی ضرورت کبھی پیش نہیں آئی ۔ ان کا خرچ کچھ تھا
بھی نہیں ۔

فرماتے تھے مجھے خرچ کرنے کا سلیقہ نہیں ہے اس لیے میں اس معاملے
میں دخل نہیں دیتا ۔ (شاعرانہ خوبیوں میں ان کے ہاں فکرِ شاعرانہ ہی تنہا
خوبی تھی جو جگہ جگہ پائی جاتی تھی) شہر کے بڑے شاعر تھے اس لیے شام ہی
کئی لوگ ان سے ملنے آیا کرتے تھے ۔ ہر شخص اپنا کلام اور اپنا انتظام ساتھ لاتا
تھا ۔ یہ صرف گلاسوں اور سادہ پانی کا بندوبست کر دیتے تھے ۔ رات میں دیر
تک شعر خوانی ہوتی ۔ حضرت وصال ہندوستان کے ہر شاعر کے بارے میں
اپنی زرّیں رائے کا اظہار کرتے اور کسی بھی شاعر کو درجہ چہارم کے شعراء سے

زیادہ درجے کا شاعر نہیں مانتے تھے ۔ بعد میں کہتے یہ بھی میں رعایت کر رہا ہوں ۔ حضرت وصال کو کبھی سادہ پانی پیتے نہیں دیکھا گیا ۔ ان کے پاس اتنا وقت تھا بھی نہیں کیونکہ جب بھی وہ غزل کہتے ۳۶ شعر سے کم کی نہیں کہتے تھے ۔ دو چار شعر بعد میں اور بڑھا دیتے (سہ غزلہ کو مجھ غزلہ حضرت وصال ہی نے بنایا) بے حد سادگی پسند تھے اور گھر میں کم سے کم کپڑے پہنتے تھے ۔ جی چاہا تو پاجامہ پہن لیا ورنہ صرف کُرتے پر اکتفا کرتے تھے اور اسی حالت میں اپنے ملاقاتیوں کی عزت بڑھاتے تھے ۔ شام میں البتہ پابندی سے پاجامہ پہنا کرتے ۔ کہتے تھے دن بھر کی ہوا خوری کافی ہو تی ہے ۔

میں نے جس دن کرایہ دار کی حیثیت سے ان کے پڑوس میں قدم رکھا فوراً مجھے بُلا بھیجا ۔ خاندانی اور خانگی حالات کی تفتیش کی اور بغرض اظہار طمانیت دو دو شعر بھی پڑھے ۔ میرے تنہا ہونے اور تنہا رہنے کی خبر سن کافی خوش ہوئے اور بولے ہمارے ہاں اُٹھا بیٹھا کرو ۔ کچھ سیکھ جاؤ گے حضرت وصال اس وقت کوئی ۶۰ سال کے ہوں گے ۔ میری سعادت مندی کے لئے عمر کا اتنا فرق ہی کافی تھا اس پر مستفاد ان کا شاعرانہ رُتبہ ۔ میں نے ادب سے آنکھیں جھکا لیں اور اسی لمحے مجھ پر یہ حقیقت آشکارا ہوئی کہ حضرت کو پاجامہ پہننے کا شوق نہیں ہے ۔ شاعروں کے لباس کے بارے میں میں نے کافی اشعار سُن رکھے تھے جن میں یہ کہا گیا تھا کہ موجودہ موسم بہار میں شاید گریبان اور دامن میں کوئی فاصلہ نہ رہے گا یا یہ کہ کُرتے کا ایک تار بھی سلامت نہیں رہے گا ۔ چاکِ گریباں کی طوالت کا بھی مجھے تھوڑا بہت اندازہ تھا لیکن مجھے یہ نہیں معلوم تھا کہ شاعر اس قدر

کے بھی ہو سکتے ہیں کہ نہ تو انھیں نظر اُٹھا کر دیکھا جا سکتا ہے اور نہ ان کے حضور میں نظریں جھکائی جا سکتی ہیں۔ (عبرت نگاہی کا ایسا سنجیدہ منظر میرے ذہن میں کبھی نہیں آیا تھا)

حضرت وصال کے کلام میں ہمیں سب سے بڑی خوبی جو نظر آئی یہ یہ تھی کہ وہ کسی بھی بڑے شاعر کا خیال پسند فرماتے اور اُسے اپنے شعر میں اس طرح پیش کرتے کہ اچھے سے اچھا خیال چوپٹ ہو جاتا۔ اس معاملے میں انھیں کمال حاصل تھا (یہ فن انھوں نے بڑی محنت سے سیکھا تھا) اس بات کی وہ البتہ احتیاط کرتے تھے کہ خیال ہمیشہ فارسی کے کسی بڑے شاعر کا ہو ۔۔۔ انھیں اتنا ضرور معلوم تھا کہ یہاں فارسی جاننے والے ہیں ہی کتنے اور اُن میں سے کتنوں کا حافظہ ان کا ساتھ دیتا ہے۔ انھوں نے اس طرح کے ماخوذ اشعار ہزاروں کی تعداد میں کہے ہوں گے۔ صرف اور مہمل شعر کہنے سے انھیں کد سی تھی۔ ہمیشہ مجرب اشعار ہی استعمال کرتے تھے۔ اپنے آپ کو انھوں نے کبھی درجہ اوّل کا شاعر نہیں کہا۔ خود کو بلا تکلف اس سے اونچے درجے کا شاعر مانتے تھے۔ کہتے تھے میر تقی میر کے ہاں بمشکل دس بارہ اچھے شعر ہوں گے میرے یہاں' کم سے کم دو ہزار شعر ایسے ہیں جو آسمان سے لگا کھاتے ہیں (حضرت وصال جب بھی یہ بیان دیتے آسمان کی طرف نگاہ اُٹھا کر ضرور دیکھ لیتے کہ پہلے کی طرح اونچا ہے یا نہیں)

مجھ پر بہت مہربان تھے اور ہمیشہ میرا شعری ذوق اونچا کرنے کی فکر میں رہتے تھے۔ کہتے تھے جب بھی فرصت ملے میرا غیر مطبوعہ کلام پڑھا

کرد (یہ وہی کلام تھا جو انہیں اپنے استادِ بقیدِ حیات سے تحفتاً ملا تھا) اس غیر مطبوعہ کلام پر سرسری نظر ڈالتے ہی سمجھ میں آجاتا تھا کہ ان کے استادِ محترم نے کیوں ہنسی خوشی یہ کلام اپنے شاگرد کے حوالے کر دیا تھا اس مالِ غنیمت کے مقابلے میں تو حضرت وصالؔ ہی کا کلام غنیمت تھا۔ شعر ان کے ہوئے تو کیا ہوا خیال تو بہر حال کام کا ہوتا تھا۔ ان کے اُستاد نے یہ ترکیب کبھی نہیں آزمائی۔

حضرت وصال کے کلام کی ایک اور خوبی یہ تھی کہ وہ اکثر و بیشتر شہر سے باہر رہا کرتے تھے، ایک مشاعرہ پڑھنے جاتے لیکن آتے جاتے، راستے میں دو چار مشاعروں کا خود ہی انتظام کر لیتے تھے۔ شہر کے مشاعروں میں البتہ شاذ و نادر ہی شریک ہوتے تھے۔ مقامی شاعر کہلانا انھیں پسند نہ تھا۔ مشاعروں کے منتظمین کے بارے میں ان کی رائے تھی کہ وہ "مقام" کے معنی ہی نہیں جانتے، کہتے تھے میں کیا لُغت لئے لئے پھروں اور ان لوگوں کو معنی سمجھاؤں۔ طرحی مشاعروں میں شرکت کرنے سے احتراز کرتے اور صرف اُن ہی مشاعروں میں جاتے جس میں ان کی دی ہوئی طرح کا اعلان ہوتا۔ (اس میں انھیں سہولت رہتی تھی) مشاعروں کے معاوضے کے علاوہ یہ اپنی دی ہوئی طرح کا معاوضہ الگ سے طلب کرتے۔ کہتے تھے اس میں بھی غور و خوض کرنا پڑتا ہے۔

انھوں نے بعد میں نظمیں بھی کہنی شروع کر دی تھیں جب ان کی غزل ۳۶ شعر کی ہوتی تھی تو اس سے اندازہ کیجئے نظم میں ۵۰ سے کم شعر تو ہوتے نہیں ہوں گے۔ ۵۰ شعر کی نظم کو وہ مختصر نظم کہا کرتے تھے نظمیں

خالص نصابی ہوا کرتی تھیں اور ایسا معلوم ہوتا تھا تعلیم بالغان کے لئے
لکھی گئی ہیں ۔ ان میں معلومات کا ذخیرہ بکثرت ہوا کرتا تھا ۔ ہمت کے
آدمی تھے ۔ بڑے سے بڑے مشاعرے میں ایسی نظمیں سنا کر کبھی نہیں
شرمائے ۔ پانی ، ہوا ، بجلی ، گیس، انھوں نے اس طرح کے موضوعات کو تو
جیسے اپنے نام محفوظ کر والیا تھا ، ان کی ساری نظمیں ، عام طور پر مسدس کی
شکل کی ہوا کرتی تھیں ۔ کہتے تھے شعر کہنے کا صحیح طریقہ یہی ہے ۔ پہلے
چار مصرعوں میں بندوق کا ندھے پر رکھو ، نشانے پر نظر جماؤ اور آخری دو
مصرعوں میں لبلبی دباؤ ۔۔۔۔ انھوں نے جب بھی لبلبی دبائی دو چار اہلِ ذوق
ضرور شہید ہو گئے ۔ کہتے تھے مشاعروں میں صرف مسدس ہی سنانی چاہیے ۔
لوگ ہمہ تن گوش رہتے ہیں (کاش وہ اس لفظ کے معنیٰ بھی لغت میں
دیکھ لیتے)

موصوف ہماری زندگی میں پہلے اور آخری شاعر تھے جن سے ہم اتنے
قریب رہے ۔ اس کے بعد ہماری ہمت نے جواب دے دیا ۔ ◼

ہندوستانی رقص

دُنیا کی سب سے اچھی رقص گاہ ہندوستان ہے۔ رقص کا ایسا شاندار انتظام دنیا میں اور کہیں نہیں ہے اور اگر کہیں ہے بھی تو اسے دریافت کرنے کے لیے ابھی تک کولمبس قسم کا کوئی شخص نمودار نہیں ہوا ہے۔ ہندوستانی رقص کی تاریخ بہت پرانی ہے۔ یہ ملک یوں بھی آثارِ قدیمہ کا ملک ہے جو چیزیں یہاں آثار قدیمہ نہیں کہلا سکتیں، نوادرات ضرور کہلاتی ہیں۔ ہندستانی رقص کو بڑی توجہ اور انہماک کے ساتھ دیکھنا پڑتا ہے بلکہ بعض رقص تو کچھ اس قسم کے ہوتے ہیں کہ اگر انھیں نہ دیکھا جائے تو دل کو تسکین نہیں ہوتی — ہندوستان میں جب بھی کوئی بدیس سے آیا ہے بچے، بوڑھے، جوان سبھی ناچے ہیں اور برسوں ناچا کئے ہیں۔ اب تو خیر حالات کچھ اس طرح کے ہو گئے ہیں کہ بدیس سے کوئی یہاں آ نہیں سکتا لیکن اس سے کچھ فرق نہیں پڑتا کیوں کہ ناچنا اب یہاں ایک عادت بن گیا ہے۔ ناچ کے اب وقفے وقفے سے جشن اور مقابلے منعقد ہونے لگے ہیں۔ خاص طور پر چھ سالہ جشن بڑے اہتمام سے منایا جاتا ہے۔

ناچ فن ضرور ہے لیکن اب اس میں سہولتیں ہی سہولتیں ہیں۔ سُر اور تال پر ناچنے کی قید تو زمانہ ہوا برخاست ہوگئی کیونکہ رقاص اگر سُر اور تال سے بندھا رہے تو رقص نہیں رہتا، پریڈ کی شکل اختیار کرلیتا ہے اور پریڈ تو اب ان لوگوں کو بھی کھلنے لگی ہے جنہیں اس کی تنخواہ ملتی ہے ۔ رقص میں اس کی گنجائش کہاں سے آئے گی؟ اکثر لوگ رقص کو جسم کی شاعری کا نام دیتے ہیں جو غلط ہے کیونکہ جہاں بھی شاعری ہوگی وہاں عروض ضرور آموجود ہوں گے اور عروض کے معاملے میں تو بڑے سے بڑا شاعر دھوکا کھا جاتا ہے۔ شاعری ہوگی تو قدم قدم پر سکتے کی شکایت اور ایطائے جلی کی حکایت ہوگی۔ رقص ان ساری قباحتوں کا متحمل نہیں ہو سکتا۔ پہلے رقص برائے رقص ہوا کرتا تھا، اب رقص برائے نفس ہوتا ہے اور نفس میں نفسِ امارہ بھی شامل ہے ۔

رقص میں اہمیت یعنی بنیادی اہمیت جذبے اور جوش کی ہوتی ہے نہ کہ طریقِ کار کی۔ میتھڈ اور پر ویسجر فروعی باتیں ہیں ۔ یہ ہوں تو فبہا، نہ ہوں تو کوئی حرج نہیں لیکن طریقہ استعمال اگر یاد رہے تو کل ہند مقابلے کے موقع پر بہت کام آتا ہے ۔ اس مقابلے میں عام طور پر ذہنی لوگ حصہ لیتے ہیں جن کی ایک یا دو پشتیں اس دشت کی سیاحی میں مصروف رہ چکی ہیں اس لیے کہا جاتا ہے کہ ناچ کے مقابلے میں حصہ لینے کے لیے مضبوط پیٹھ درکار ہوتی ہے ۔ نئے لوگ بھی اس مقابلے میں دخل دے سکتے ہیں لیکن ان کی کامیابی ان کے شجرے کی طرح غیر یقینی ہوتی ہے ۔ رقص میں دہی بازی لے جاتا ہے جو ۲۰، ۲۵ سال سے محو رقص ہو ۔اس میں عمر کی قید نہیں ہوتی، صرف عمر قید ہوتی ہے۔

۸۸

ہندوستانی رقص تھیٹر میں آنگن میں ناچا جاتا ہے۔ ہندوستانی رقص
کی یہ قسمیں بہت مشہور ہیں۔ کتھک۔ کتھا کلی۔ منی پوری اور بھارتیہ ناٹم۔ لیکن
اب یہ ناچ صرف وہی لوگ ناچتے اور دیکھتے ہیں جن کی صحت اور بینائی جواب
دے چکی ہوتی ہے۔ اب جو ناچ مقبول ہیں، وہ ہیں سورج مکھی ناچ اور دہا
بھارتیہ ناچ۔

سورج مکھی ناچ : یہ ناچ چڑھتے سورج کے اعزاز میں ناچا جاتا ہے۔
موسم بارش کا ہو اور سورج اگر اپنی چھب بھی نہ دکھلائے تو کوئی حرج نہیں
ناچ جاری رہ سکتا ہے۔ بس سمت صحیح ہونی چاہیئے۔ بعض لوگ تو قطب نما کی مدد
سے ناچتے ہیں اور جو بہت مشاق ہوتے ہیں۔ وہ قطب نما کے بغیر بھی ناچتے ہیں۔
ان سے کوئی غلطی نہیں ہوتی۔ سورج مکھی ناچ خاموشی اور ساکت ناچ ہے کس
میں بانہوں کو پھیلانا، انہیں شمال اور جنوب میں اٹھانا اور گرانا یا ٹانگوں کو
حرکت دینا منع ہے۔ یہ سب غیر ضروری حرکتیں ہیں۔ اور ان سے سورج کی بے حرمتی
ہوتی ہے۔ سورج مکھی ناچ میں صرف چہرے کے نقوش سے کام لینا پڑتا ہے
آنکھوں سے بھی فائدہ بخش نتائج حاصل کئے جاسکتے ہیں۔ چہرے پر مسکین
معصومیت اور مظلومیت کے آثار کو بہت مفید مانا گیا ہے۔ ہونٹوں کی لرزش
جو کپکپاہٹ سے ملتی جلتی ہو۔ رقاص کو منزل مقصود پر جلد پہنچا سکتی ہے۔ سر
کو ہلایا جا سکتا ہے لیکن صرف 'ہاں' کے اظہار کے لیے۔ سورج مکھی ناچ میں
'نہیں' کی کوئی علامت نہیں۔ اس ناچ میں 'ہاں' اور 'جی ہاں' کی علامتوں کے
کے علاوہ اور کچھ نہیں ہوتا۔ سورج مکھی ناچ 'ہمارے ہاں پہلے بھی ناچا جاتا
تھا لیکن صرف مخصوص لوگ یہ ناچ ناچا کرتے تھے۔ اس ناچ کو اب عام
کر دیا گیا ہے۔ بغربی کی طرح۔

چومکھی ناچ : یہ رقص، سورج مکھی ناچ سے زیادہ مشکل ناچ ہے اور ہونا بھی چاہیئے۔ اگر سبھی ناچ، شعر گوئی کی طرح آسان ہو جائیں تو پھر بات ہی کیا ہو؟ چومکھی ناچ صرف بالغوں کے لئے ہے۔ سورج مکھی ناچ کے مقابلے میں یہ ناچ اس لیے مشکل ہے کہ سورج مکھی ناچ میں جو ناچنے والے کو بس ایک ہی طرف متوجہ رہنا پڑتا ہے لیکن چومکھی ناچ کسی ایک کی نہیں، بہتوں کی خاطر ناچا جاتا ہے۔

یہ ناچ صرف چاق و چوبند اور چست و چالاک لوگ ہی ناچ سکتے ہیں۔ چومکھی ناچ شروع تو ہو سکتا ہے لیکن ختم نہیں ہو سکتا۔ کیونکہ یہ رقصِ دوام ہے۔ اس میں وقفہ بہ رائے آرام نہیں ہوا کرتا۔ اس ناچ کے ماہرین، ہر بحر، ہر زمین اور ہر صنف میں ناچ سکتے ہیں۔ ان کا قافیہ کہیں بھی تنگ نہیں ہوتا یہ ناچ کبھی تو کاف + جج + س + پ + م مل کی ماتراؤں میں ناچا جاتا ہے اور کبھی کاف منفی جیم + ٹ × س کش کی ماتراؤں کے ساتھ۔ اس ناچ میں قدم ضرور ہوتے ہیں لیکن انہیں دوسروں کے نقشِ قدم کے مطابق حرکت دینا ہوتا ہے۔ اس میں لمحے لمحے کی خبر رکھنی پڑتی ہے اور رقص کو اتنے موڑ دینے پڑتے ہیں کہ ہر شخص، رقاص کو اپنا رقاص سمجھنے لگتا ہے۔ چومکھی ناچ کی خوبی یہی ہے کہ اس میں رقاص کا اصلی روپ کبھی ظاہر نہیں ہوتا۔ پوری زندگی بہروپ میں گزر جاتی ہے۔

چومکھی ناچ کے فائدے بے شمار ہیں بلکہ فائدوں کی فہرست میں ہمیشہ ایک نئے فائدے کا اضافہ ہوتا ہی رہتا ہے۔ کہا جاتا ہے کہ اس رقص میں روپے کی ریل پیل ذرا زیادہ ہی ہوتی ہے۔ ہوتی ہوگی لیکن چومکھی ناچ کے

شائقین، دولت جیسی حقیر چیز کے دیوانے نہیں ہوتے۔ یہ صرف فن پر مرتے ہیں۔ ہندوستانی ناچوں میں چومکھی ناچ کو دن بہ دن عروج حاصل ہوتا جارہا ہے اور کچھ دنوں بعد یہ ناچ اسی منزل پر پہنچ جائے گا جب یہ بھی پتہ نہیں چلے گا کہ ناچنے والے کا رُخ کس طرف ہے؟ لٹو کا بھی کہیں کوئی رُخ ہوا ہے لیکن لٹو صرف سخت زمین پر گھوم سکتا ہے جب کہ چومکھی ناچ تر زمین پر ہی نہیں دلدل میں بھی ناچا جاسکتا ہے ـــــ یاد رکھنا چاہیئے کہ ہندوستان دریاؤں کا ملک ہے اور یہاں کی زمین اور سرزمین دونوں نرم ہیں۔ (شاعری میں البتہ اکثر و بیشتر سخت زمینیں ملتی ہیں۔)

مہا بھارتیہ ناچ: یہ بھارتیہ ناٹیم کی سیاسی اور ریفائنڈ شکل ہے۔ اس ناچ میں صرف جوش سے کام نہیں چلتا کچھ خروش کی بھی ضرورت ہوتی ہے۔ مہا بھارتیہ ناچ محفلوں وغیرہ میں نہیں ناچا جاسکتا۔ یہ کھلی فضا کا ناچ ہے۔ اس کی مناسب جگہیں گلی، کوچے، محلے اور سڑکیں ہیں۔ جتنے بھی ممنوعہ ہتھیار ہیں اس ناچ میں استعمال کیے جاتے ہیں۔ یہ صرف مسلح لوگوں کا ناچ ہے اور یہ ناچ ایک فریق دوسرے فریق کے خلاف ناچتا ہے۔ اتفاق و اتحاد اور محبت جیسی گھٹیا چیزوں کے ناچ تو بیسیوں ہیں لیکن کم سے کم ایک ناچ تو ایسا ہونا چاہیئے جس سے زندگی اور زندہ دلی کا ثبوت ملے۔ مہا بھارتیہ ناچ اسی نقطۂ نظر سے پیش کیا جاتا ہے بعض لوگ اسے ننگا ناچ کہتے ہیں لیکن یہ وہی لوگ کہتے ہیں جو اسے ننگی آنکھ سے دیکھتے ہیں۔ یہ لوگ اسے کانٹیکٹ لینس کی مدد سے دیکھیں تو انھیں معلوم ہوگا کہ یہ کس قدر مستور اور ملبوس رقص ہے۔ اس ناچ کا پہلا فائدہ تو یہ ہے کہ اس سے فی الفور

آبادی میں کمی واقع ہوتی ہے۔ یہ آبادی کو کم کرنے کا مفرح اور مجرب نسخہ ہے، مفرح اس لئے کہ اس میں تفریح کے عناصر کی کمی نہیں جتنا چاہیں لطف حاصل کر لیجئے۔ کسی قسم کی کوئی روک ٹوک نہیں اور مجرب اس لئے کہ یہ نسخہ برسوں سے چلا آرہا ہے، آج تک خطا نہیں ہوا۔ مہا بھارتیہ ناچ کسی مخصوص علاقے کا ناچ نہیں۔ اس پر نہ تو کوئی علاقائی چھاپ ہے نہ لسانی۔ یہ ہندوستان کے ہر گوشے میں ناچا جاتا ہے اور سبھی فرقوں میں مقبول ہے۔ اس ناچ کے لئے یہ ضروری نہیں ہے کہ دو علٰحدہ فرقے ایک دوسرے کے مقابلے میں کمر بستہ ہو کر ناچیں۔ ایک ہی فرقے کے دو گروہ بھی اس رقص کا جشن منا سکتے ہیں۔ اس ناچ میں بس ایک ہی خرابی یہ ہے۔ جب بھی یہ ختم ہوتا ہے لوگ افسوس کرتے ہیں اس بات پر کہ یہ کیوں اتنی جلدی ختم ہو گیا۔

ہندوستانی ناچ کی قسموں میں سب سے اچھا ناچ وہ تھا جو ۱۹۴۲ء سے ۱۹۴۷ء تک یہاں ناچا گیا۔ اس ناچ کی ریہرسل تو ۱۸۵۷ء میں ہوئی تھی لیکن وہ کچا پکا ناچ تھا۔ اسٹیج کی تیاری اور اسے ٹھیک سے تربیت دینے میں کوئی ۸۵ سال لگ گئے۔ وہ صحیح معنوں میں تاریخی ناچ تھا کیونکہ وہ جسم فروشوں کا نہیں سرفروشوں کا ناچ تھا اور بعض لوگ تو اب بھی اُمید لگائے بیٹھے ہیں کہ ہندوستان میں پھر ایک مرتبہ ایسا ناچ ہوگا جو تاریخ ساز ہوگا لیکن اس ناچ کی تاریخ ابھی طے نہیں ہوئی ہے۔

تختی سے تختے تک

امتحان اور امتحانی پرچے کوئی نئی بات
ہاں نگاہِ شوق وہ اُٹھی نقاب نہیں ہیں ۔ یہ سلسلہ اس وقت سے
جاری ہے جب کسی نے ہمارے کانوں میں بات پھونکی تھی کہ تعلیم سے جہالت دُور
ہوسکتی ہے (نتیجہ سامنے ہے) ۔ پہلے ہماری درس گاہوں میں "پٹائی" ہوا کرتی تھی
پھر کچھ دنوں کے لیے "پڑھائی" شروع ہوئی ۔ اب "لڑائی" کا دَور دورہ ہے ۔ لیکن
امتحان برابر ہوتے ہیں ۔ ان کا وقت البتہ طے نہیں ہے ۔ امتحان کا نتیجہ بھی نہیں نکلتا
ہے لیکن اس کا بھی وقت طے نہیں ہے ۔ ٹائم ٹیبل صرف ریلوں اور ہوائی جہازوں
کی حد تک اچھا معلوم ہوتا ہے ۔ امتحانوں اور اس کے بعد ہونے والے واقعات
کو ٹائم ٹیبل کا پابند کرنا ٹھیک نہیں ہے ۔ اب تو قدرت کے کارخانے کا بھی نظام
بدل رہا ہے جب موسم کا جب بھی جی چاہتا ہے آجا تا ہے ۔ گرمی کے دنوں میں بھی
بارش ہوتی ہے اور بعض وقت بارش کے دنوں میں بھی بارش ہوتی ہے ۔ اس لیے
اگر امتحان وقت پر نہ ہوں یا ان کا نتیجہ وقت پر شائع نہ ہو تو اتنی سی بات پر
دل میلا نہیں کرنا چاہیے ۔

امتحانوں کے معاملے میں ایک پابندی البتہ پابندی سے ہونے لگی ہے ۔ اب
امتحان سے پہلے امتحانی پرچوں کا" آشکارا" ہونا امتحان کی لازمی شرط بن گیا ہے
ایسا نہ ہو تو امتحان کا لطف جاتا رہتا ہے ۔ شروع شروع میں جب امتحانی پرچے
وقت سے پہلے بے پردہ ہونے لگے تو لوگوں کو کچھ عجیب عجیب سا محسوس ہوا لیکن
اب اگر کسی امتحان کے پرچے ، پہلے سے نمودار نہ ہوں امتحان منسوخ نہیں تو
ملتوی ضرور کر دیا جاتا ہے ۔ امتحانی پرچوں کا طشت از بام کیا جانا اب ایک
مقررہ طریقۂ کار کے مطابق ہے ۔ درنہ ذرائع حمل و نقل کی کمی اور مواصلاتی
نظام کی خرابی کی وجہ سے ، امتحانی پرچوں کا فیض پہلے چند ہی لوگوں تک پہنچتا
تھا ۔ اب ایسا نہیں ہے ۔ ہر شہر اور شہر کے ہر محلے کے امیدوار اپنا اپنا
سہندی کیمت بنا کر ان پرچوں کو قیمتاً حاصل کر سکتے ہیں ۔ امتحان کو مقبول
بنانے کے لئے یہ انتظام ضروری ہے ۔ اخباروں میں بھی آئندہ نہیں ایک مرتبہ
ایک ہی خبر چھاپ رہے گی کہ اس سال کس امتحان کے پرچے قبل از وقت بے نقاب"
نہیں ہو سکے اور اس کوتاہی کا ذمہ دار کون ہے ؟

لئے خانہ پر انداز چمن کچھ تو ادھر بھی　　　جب دنیا نے اتنی ترقی نہیں
کی تھی تو طالب علموں کو
سال میں صرف ایک مرتبہ فیل ہونے کی اجازت تھی اب اس سال میں دو مرتبہ
فیل ہونے کی سہولت عام کر دی گئی ہے لیکن اتنی ذرا سی سہولت جسے قلیل
کہنا چاہیے ناکافی ہے ۔ اس لئے مزید سہولتوں کے لئے دوڑ دھوپ جاری ہے
یہ دوڑ دھوپ بھی خوب چیز ہے ۔ پتہ نہیں اس کا مطلب دھوپ میں دوڑنا
ہے یا دوڑ کر دھوپ میں اپنا وہ پسینہ سکھانا ہے جو عموماً بڑے لوگوں کی

فرمائش پر بہایا جاتا ہے۔ اس دوڑ دھوپ کا تعلق بہر حال امتحان سے ضرور ہے کیونکہ امتحان ہوتے ہی دھوپوں میں ہیں۔ امتحان کی تاریخوں کا اعلان اس وقت ہوتا ہے جب دھوپیں ناقابل برداشت ہوجائیں۔ سارے امتحان عموماً اپریل یا مئی میں ہوتے ہیں۔ کیونکہ یہی وہ گرم بلکہ آتشیں مہینے ہیں جن میں ماہرانِ طیور کے اندازے کے مطابق چیل انڈا چھوڑتی ہے۔ (یاد رہے کہ پرندوں اور چرندوں میں چیل ہی وہ قوم ہے جو انڈا چھوڑتی ہے۔ باقی سب لوگ انڈوں کو چھوڑا نہیں کرتے بلکہ نہایت ہی احتیاط کے ساتھ دیا کرتے ہیں۔ امتحان کا دوسرا جشن اکتوبر میں منعقد کیا جاتا ہے۔ کیونکہ اکتوبر کی گرمی بھی دوُر دوُر تک مشہور ہے۔ گرمیوں میں امتحان مقرر کئے جانے کی وجہ یہ بھی ہوسکتی ہے کہ ان میں دن بڑے ہوتے ہیں۔ لکھنے کے لئے وقت زیادہ ملتا ہے اور غلطیاں زیادہ کی جاسکتی ہیں۔ طالب علموں کو اتنی سہولت تو ملنی ہی چاہیئے۔

اپریل کے امتحان میں فیل ہونا مشکل نہیں ہے جو طالب علم اِس امتحان میں ذاتی یا موروثی قابلیت کی بناء پر فیل ہونا پسند نہیں کرتے وہ امتحان دیتے وقت ایسے طالب علم کے جوابی پرچے کی نقل کرتے ہیں جو خود اعلیٰ نمبروں سے فیل ہونے کے مصمم ارادے کے ساتھ امتحان ہال میں داخل ہوتا ہے۔

اکثر طالب علم جن کا وقت بہت قیمتی ہوتا ہے زیادہ سے زیادہ دو پرچے کرنے کے بعد، خود کو مزید زحمت نہیں دیتے وہ کہتے ہیں نتیجہ معلوم ہوگیا۔

اکتوبر کے امتحان میں دوسری مرتبہ فیل ہو جانے کی وجہ یہ ہوتی ہے ۔ اپریل سے اکتوبر کی مدّت میں مذکورہ طالب علم کی بینائی اتنی کمزور ہوجاتی ہے کہ وہ ٹھیک سے نقل نہیں کرسکتا۔ آج کل بینائی کا یہ عالم ہے کہ بیٹے باپ کو

نہیں پہچان سکتے۔ لوگ کہتے ہیں اگر آنکھوں کے کمزور ہونے کی رفتار یہی رہی تو آگے چل کر میاں بیوی ایک دوسرے کو سُن کر یا چھو کر ہی پہچان سکیں گے (سماعی علم کی اہمیت بڑھتی ہی جا رہی ہے)۔

امتحان یوں بھی ناقص چیز ہے۔ دنیا میں جتنے تجربے ناکام ہوتے ہیں امتحان ان میں سرفہرست ہے (کامیاب تجربہ صرف ایٹم بم کا ہوا ہے)۔ کوئی غبی طالب علم امتحان میں کامیاب ہو کر گدّی پر بیٹھ جاتا ہے تو کوئی ذہین طالب علم ناکام ہو کر ردّی کے نیچے دب جاتا ہے۔ امتحان میں کامیاب ہونا طالب علم کی تنہا ذمہ داری ہے بھی نہیں کیونکہ اس میں ممتحن بھی ہوا کرتا ہے اور اگر صرف ایک ممتحن ہو تو فیل ہونے والے طالب علموں کے زخم جگر کسی ایک شخص کے دستِ و بازو کے نام منسوب کیے جا سکتے تھے لیکن یہ کام تو کئی لوگوں کے سپرد کیا جاتا ہے کیونکہ صرف ایک ممتحن اتنے سارے طالب علموں کو تنہا فیل نہیں کر سکتا۔ اس لیے ہر ممتحن کے حصے میں چند سو طالب علم آتے ہیں جن پر انھیں اختیارِ کلّی حاصل ہوتا ہے (اختیارِ کلّی اس اختیار کو کہتے ہیں جس میں طالب علم کا کوئی جُز سلامت نہیں رہتا)۔ فیل تو سبھی کرتے ہیں لیکن کوئی زخمی کرتا ہے تو کوئی شہید۔ کسی کا وار بھاری ہوتا ہے تو کسی کا کاری کیونکہ ہر ممتحن کے گھریلو حالات الگ الگ ہوتے ہیں۔ ان میں سے ایک ممتحن گھر داماد ہوتا ہے تو ایک کثیر العیال۔ ایک کنوارا ہوتا ہے تو ایک تین چار مرتبہ کا شادی شدہ ہوتا ہے اور ایک کچھ ہوتا ہی نہیں ہے۔ طالب علموں کے جوابی پرچوں کی قدر و قیمت' پرچے جانچنے والوں کے گھریلو حالات پر منحصر ہوتی ہے۔ ممتحن کو اگر ناشتے میں دو انڈوں کا آملیٹ، آم کا مربہ، گرم پراٹھے اور گرم چائے نصیب ہوئی ہے تو

ہر طالب علم چاہے اُس نے اندر لگا کر اندھی کو مہاتما گاندھی کی بیٹی ہی کیوں نہ بتایا ہو اعلیٰ نمبروں کا مستحق ہوگا اور اگر متقن ممتحن اندھیرے بغیر ناشتے کے گھر سے نکل گیا ہے تو جوابی پرچہ جانچتے وقت اُسے انڈے ضرور یاد آئیں گے اور ہر طالب علم چاہے اس نے سامنے بادشاہوں اور سارے راجاؤں کے بیویوں کے اسٹاک کی تفصیل ایک صحیح لکھی ہو، فیل ہونے سے بچ نہیں سکتا۔ (امتحان کے اس اصول کو توڑا نہیں جا سکتا)۔ ممتحنوں کے گھریلو حالات کو جانچنے اور جانچنے کے بعد ان حالات کو بدلنے کا آلہ ابھی ایجاد نہیں ہوا ہے۔

امتحان تحریری بھی ہوتے ہیں اور زبانی بھی۔ جب کسی شخص کی خدمت میں بہت زیادہ ادنیٰ ڈگری پیش کرنے کا موقع آتا ہے تو اس کا زبانی امتحان بھی درپیش ہونا ہے اور اس سے کہا جاتا ہے کہ اس نے اس بلند و بالا ڈگری کو ناجائز طور پر حاصل کرنے کے لئے جو مقالہ لکھا ہے اُس کا خلاصہ بیان کرے۔ یہ بڑا نازک وقت ہوتا ہے۔ امیدوار اس غلط فہمی میں رہتا ہے کہ اس نے جو کچھ لکھا ہے امتحان لینے والوں نے پڑھ رکھا ہے اور وہ اپنا لکھا یاد کرنے کی کوشش میں سب کچھ بھول جاتا ہے جو ایک لحاظ سے مفید ہی ہوتا ہے لیکن وہ لوگ جنہیں معلوم ہے کہ ان کا لکھا ہوا مقالہ پڑھنے کی تاب کسی میں نہیں، زبانی امتحان میں بے کھٹکے کامیاب ہو جاتے ہیں۔ اُن کے ممتحن زبانی جواب میں وہ سب ہوتا ہے جو ان کے مقالے میں نہیں ہوتا۔ زبانی امتحان میں، امتحان دینے والے کا ناک نقشہ بھی دیکھا جاتا ہے۔ بعد میں یہی لوگ ملک کا نقشہ بناتے ہیں (جو واقعی قابلِ دید ہوتا ہے)

زبانی امتحان کے ڈرامے کے ہدایت کار ایک الگ ہی قوم کے لوگ ہوا کرتے ہیں۔ اُن کا پہلا سوال ہوگا۔۔ مسٹر شمشاد حسین، دلشاد حسین آپ کا نام کیا ہے؟

۷۶

اور شمشاد حسین دلشاد حسین کو اپنا نام اس وقت ہرگز ہرگز یاد نہیں آئے گا ۔ اس سوال پر
انہیں شبہ ہوگا کہ ان کا نام شمشاد حسین دلشاد حسین ہے بھی یا نہیں ۔ بقول ایک
ممتحن، یہ طالب علم کی ذہانت کا امتحان ہوتا ہے ۔۔۔ زبانی امتحان دیتے وقت اس
امیدوار کا حال بُرا ہوتا ہے جو ٹرین یا پلین میں پیدا ہوا ہو۔ ممتحن اس کی جائے ولادت
معلوم کرنے سے قاصر رہتے ہیں ۔ ایسے معاملے ممتحنوں کی سمجھ میں آ بھی نہیں سکتے کیونکہ
ممتحن چاہے کتنے ہی قابل کیوں نہ ہوں قابلیت کی ایک حد ہوتی ہے ۔ یہ صرف طالب الدین
کے سمجھنے اور سمجھانے کی بات ہوتی ہے ۔ امیدوار اس موضوع پر کوئی روشنی نہیں ڈال
سکتا اور ممتحن اس معاملے میں جتنی دلچسپی لیں گے معاملہ اتنا ہی الجھتا جائے گا ۔ (ممتحنوں
کو اپنی جائز حدود میں رہنا چاہیئے)۔

جو طالب علم اور امیدوار، تحریری اور زبانی امتحان میں فیل نہیں ہو سکتے انہیں
ایک اور امتحان کا موقع دیا جاتا ہے ۔ اسے ڈاکٹری امتحان کہا جاتا ہے ۔ تحریری امتحان
کے وقت ہال میں اچھا خاصا مجمع ہوتا ہے اور ایسا معلوم ہوتا ہے کسی میلے کی فلم کش
نظم کا کوئی سیٹ لگا ہوا ہے ۔ زبانی امتحان کے موقع پر مجمع تو نہیں لیکن چھوٹی موٹی محفل
کا سماں ہوتا ہے ۔ لیکن ڈاکٹری امتحان میں دو بدو مقابلہ ہوتا ہے ۔ صرف ایک ڈاکٹر اور
صرف ایک امیدوار ۔ اس ڈوئل میں ریفری اور مددگار رکھنے کی اجازت نہیں ہوتی ۔ یہ
امتحان بھی اکزامنیشن روم میں ہوتا ہے لیکن یہ عام طور پر مستقبل کی طرح تاریک ہوتا ہے
اور کہلاتا ہی ڈارک روم ہے (ایسا روم رکھنے کی اجازت ڈاکٹروں کے علاوہ صرف
فوٹو گرافروں کو ہوتی ہے)۔ اس امتحان میں امیدوار کو سینہ پھلانا ہوتا ہے لیکن سینے
کی بجائے اس کی سانس پھول جاتی ہے ۔ نروس بریک ڈاؤن بھی یہیں ہوا کرتا ہے
ڈاکٹری امتحان میں پرچہ دوبارہ نہیں جانچا جا سکتا ۔ لیکن اگر امیدوار ایک ڈاکٹر کے

ہاتھوں فیل ہونے پر مطمئن نہ ہو تو وہ اپنے کو چار پانچ ڈاکٹروں کے ملاحظے کے لئے از سر نو پیش کر سکتا ہے ۔ چار پانچ ڈاکٹروں کے مجمع کو میڈیکل بورڈ کہتے ہیں اور میڈیکل بورڈ کے پاس ناکام امیدوار کو خوش کرنے کا کوئی نسخہ نہیں ہوتا ۔ سارے ڈاکٹروں کے اسٹیتھسکوپ ایک سے ہوتے ہیں ۔

★ ہر چیز کا ایک   ★

سامنے ڈھیر ہیں ٹوٹے ہوئے پیمانوں کے   نظام ہوا کرتا ہے

اس لئے ہمارے ہاں بھی ایک نظام تعلیم ہے ۔

★ دنیا کی ہر چیز بدلتی رہتی ہے کیونکہ ثبات تغیر ایک ثبات کو ہے زمانے میں ۔ اس لئے ہمارا نظام تعلیم بھی ہمیشہ بدلتا رہتا ہے ۔

★ اگر نظام تعلیم کے بدلنے میں کبھی دو چار سال کی تاخیر ہو جائے تو اسے دفتری بھول چوک سمجھ کر نظر انداز کر دینا چاہئے ۔ صبح کا بھولا شام کو اگر گھر آئے تو اسے بھولا نہیں کہتے ۔ گھر یاد رہے تو کافی ہے ۔

★ کسی زمانے میں ہمارا نظام تعلیم ایک سیدھی لکیر کی طرح تھا اور ہم لوگ لکیر کے فقیر ہو کر رہ گئے تھے ۔ فقیر ہونا ، کوئی بری بات نہیں لیکن لکیر کا فقیر ہونا ٹھیک نہیں ۔ نظام تعلیم جتنا پیچیدہ ہوگا اتنا ہی مقبول ہوگا ۔ نظام تعلیم کی پیچیدگی دور کرنے کا ایک طریقہ یہ ہے کہ اس میں مزید پیچیدگیاں پیدا کی جاتی رہیں ۔ مشکلیں مسلسل ترقی کریں تو خود بخود دشوار دآسان ہو جاتی ہیں ۔ (بحوالہ اسٹیٹ فنانس)

★ جب ہم نے ترقی کا منہ نہیں دیکھا تھا تو ہمارے ہاں مدرسے کی تعلیم ختم کرنے کا نام میٹرک تھا ۔ سارے ملک میں لبس ایک نام رائج تھا ۔ یہ بھی کوئی بات بنتی ہوئی ۔ اتنا بڑا ملک اور صرف ایک نظام تعلیم ۔ وہ تو اچھا ہوا کہ کچھ دنوں بعد

کچھ طالب علم ایچ ایس سی ہوئے تو کچھ ایس ایس سی۔ بعض ایچ ایس ایل سی کہلائے تو بعض ایس ایس ایل سی کی سند سے نوازے گئے۔ جب اِن مختلف ناموں سے خاطر خواہ افراتفری نہیں پھیل سکی تو کوئی پی یو سی کہلایا اور کوئی پی پی سی کسی کو انٹر میں داخلہ مِلا تو کسی کو فرسٹ اِیر میں۔ کسی کی اعلیٰ تعلیم تین سال میں ختم ہوئی تو کسی کی چار سال میں بھی ختم نہ ہوسکی۔

★ جب اس طریقۂ عمل سے بھی طالب علموں کا تعلیم پانے کا شوق ختم نہیں ہوا تو اولڈ کورس اور نیو کورس کے دو نظامِ تعلیم جاری کئے گئے (آخر ایک زمانے میں بنگال میں دوعملی کا نظام جاری تھا۔ اس وقت لوگ کیسے چُپ رہے)۔ اِن دونوں نظامِ تعلیم کے آمیزے کی مدد سے مدرسوں اور کالجوں کے درمیان ایک جونیئر کالج کی ولادت کا انتظام کیا گیا۔ اب گیارھویں بھی ہے اور بارھویں بھی۔ والدین بھی مطمئن ہیں کیونکہ اُنہیں نہیں معلوم کہ ان کے بچے گیارھویں میں ہیں یا بارھویں میں۔ کالج میں ہیں یا جونیئر کالج میں۔ کالج کی اسٹرائیک میں حصہ لینے کا حق انہیں حاصل ہے یہ کافی ہے۔

★ پچھلے چند دنوں سے ہم عام طور پر دس جمع دو جمع تین کے نظامِ تعلیم میں مصروف ہیں لیکن یہ اعداد اب اپنی کشش کھو رہے ہیں (ہر چیز کی ایک حد ہوتی ہے) آٹھ جمع چار جمع تین کے ہندسے زیادہ دلپذیر نظر آنے لگے ہیں۔ وقت وقت کی بات ہے اور ہندسوں کا مجموعہ دیکھنا چاہیئے نہ کہ ان کی ترتیب۔

★ لیکن یہ ضروری نہیں ہے کہ دس جمع دو جمع تین کے نظام سے سب کے سب یکا یک قطع تعلق کرلیں۔ اِس نظامِ تعلیم نے اتنے دنوں ہمیں محظوظ کیا ہے اس لئے آٹھ جمع چار جمع تین کے نظامِ تعلیم کو آنے تو دیا جائے لیکن دس جمع دو جمع تین

کو جانے بھی نہ دیا جائے۔ اسے اعتدال پسندی کہا جاتا ہے۔

★ رہا مدرسوں اور مدرّسوں کا معاملہ تو کہیں کہیں مدرسے بھی ہیں اور مدرّس بھی لیکن طالب علم نہیں ہیں۔ کہیں ٹیچر اور طالب علم دونوں موجود ہیں لیکن اسکول نہیں ہیں۔ اور بعض جگہوں پر اسکول بھی ہیں اور طالب علم بھی لیکن مدرّس نہیں ہیں۔ لیکن ایسی باتوں سے تعلیم پر کوئی بڑا اثر نہیں پڑتا۔

★ کئی لوگ ایسے ہیں جو اپنی مدد آپ کر لیتے ہیں اور عشق کے امتحان کے علاوہ اور کسی امتحان کی تیاری نہیں کرتے۔ عشق کے امتحان کی کوئی خاص تیاری کرنی بھی نہیں پڑتی۔ سب سے بڑا فائدہ اس امتحان میں یہ ہوتا ہے کہ آدمی ناکام ہو جائے تو محفوظ رہتا ہے ورنہ عشق میں تو لوگ تختۂ دار تک بھی پہنچ گئے ہیں۔ ■■

مقطع میں آپڑی ہے سخن گسترانہ بات

کسی دن پہلے ایک ادبی سمینار میں شریک ہونے کا اتفاق ہوا تھا۔ ادبی سمینار دیکھنے اور سننے میں کوئی ہرج نہیں۔ بالکل ہندوستانی فلموں کا سا لطف آتا ہے۔ ہندوستانی فلموں میں کہانی نہیں ہوتی اور ادبی محفلوں میں موضوع نہیں ہوتا اور اگر ہوتا بھی ہے تو اُسے نظر انداز کرنا تقریباً لازمی ہوتا ہے۔ ہم جس ادبی سمینار کا ذکر کر رہے ہیں وہ غالب سے متعلق تھا اور اتفاق سے انھیں کے متعلق مضامین اور مقالے پڑھے جا رہے تھے۔ زبانی تقریریں اور بھی تھیں، جو مقالوں سے زیادہ دھواں دھار تھیں (اس میں کچھ دھواں سگریٹوں کا بھی تھا) ایک ریسرچ اسکالر نے اپنی تقریر میں فرمایا کہ دیوانِ غالب از سرِ نو ترتیب دیا جانا چاہیے۔ انھیں شکایت یہ تھی کہ وہ جب بھی کسی دیوانِ غالب کا مطالعہ کرتے ہیں اس میں انھیں استادِ نامی شاعر کی غزلیں ضرور ملتی ہیں۔ موصوف نے بڑھے رقت آمیز لہجے میں فرمایا کہ ایڈیٹنگ کی ایسی فاش غلطیاں انھوں نے کسی اور شاعر کے دیوان میں نہیں دیکھیں ــــــــ ان ریسرچ اسکالر کی یہ معرکۃ الآراء

تقریر چند ہی لوگ سن سکے کیوں کہ عین اسی وقت مائیکروفون خراب ہو گیا تھا۔ (اسے خوبیٔ قسمت کہتے ہیں) صدرِ جلسہ نے انھیں بڑی احتیاط سے پچھلے دروازے سے گھر بھجوا دیا۔ (اس کی وجہ دو دن بعد ہماری سمجھ میں آئی!)

غالبؔ کے معاملے میں ہماری معلومات کچھ زیادہ نہیں ہیں بلکہ ایسا کہنا چاہیے کہ ہم نے خود ہی اُن کے معاملے میں کم دلچسپی لی۔ یہ شاعر اصل میں ہمیں کچھ زیادہ جچے نہیں۔ ہمیں ہلکی پھلکی شاعری پسند آتی ہے یعنی کچھ گیت نما۔ ہماری رائے ہے کہ شاعری ہنسنے بولنے کی چیز ہے کیونکہ یہ فنِ لطیفہ ہے۔ بہت زیادہ وزنی شعر ہم نہیں سمجھ سکتے۔ پڑھا ایک چھوٹا سا شعر لیکن ہفتوں پریشان رہے کہ اس کا کیا مطلب ہوا۔ کسی سے مطلب پوچھا اور سمجھا اور پھر کچھ دن بعد بھول گئے۔ ایسا کلام پڑھنے سے تو بہتر ہے کہ آدمی سیاسی بیانات پڑھ لے کہ یہ بھی سمجھ میں نہیں آتے ——— غالبؔ کے کلام سے ہمیں کچھ اسی قسم کی شکایت ہے (آپ کو بھی ہو گی)۔

اس سیمینار سے فارغ ہونے کے بعد ہم نے گھر آ کر اپنا پرانا اور تقریباً بوسیدہ دیوانِ غالبؔ ڈھونڈ ڈھانڈ کر نکالا۔ اس کی گرد جھاڑی۔ مطبع نول کشور کا چھپا ہوا دیا ہوا تھا اور اس مطبع کے بارے میں ہمیں یہ اطلاع ملی تھی کہ یہ اپنے وقت کا سب سے اچھا چھاپہ خانہ تھا اور اس میں اتنی صحیح کتابت اور طباعت ہوتی تھی کہ شاعروں اور ادیبوں کی خود کردہ غلطیاں بھی کاتب ہی درست کیا کرتے تھے۔ ہمیں یقین تھا کہ کم سے کم اس دیوان میں ایڈیٹنگ کی وہ غلطی نہیں ہو گی جس کا ذکر سیمینار میں ہوا تھا۔ لیکن دیوان کو کھول کر دیکھا تو جگہ جگہ اسدؔ کی غزلیں نظر آئیں ——— ہم دل گرفتہ ہو گئے اور ہماری اداسی میں مزید اضافہ ہونے

ہی والا تھا کہ اچانک ہمیں یاد آیا کہ ہم نے کئی سال پہلے کہیں یہ خبر پڑھی تھی کہ۔ غالبؔ شروع شروع میں اسدؔ ہی تخلص کرتے تھے۔ ہماری باچھیں کھل گئیں (یہ اکثر کھلا کرتی ہیں۔ کھڑکیوں کی طرح) جیسے جیسے ہماری باچھیں کھلتی گئیں ہمیں سارے واقعات یاد آگئے (حافظے کا باچھوں سے قریبی تعلق ہوتا ہے)۔

اسد اللہ خاں غالبؔ پہلے اسدؔ ہی تخلص کرتے تھے یہ ان کا پیدائشی حق تھا۔ کیونکہ اگر وہ شاعر نہ ہوتے اور صرف عوام الناس ہوتے تو اسدؔ ہی کہلاتے لیکن انھیں کے شہر میں ان کے ہوتے ہوئے ایک اور شاعر (بلکہ متشاعر) اسدؔ تخلص اختیار کئے ہوئے ہے اور دھڑلے سے شعر کہے چلا جا رہا ہے تو انھیں بڑا قلق ہوا۔ (غالبؔ یوں خوش مزاج آدمی تھے لیکن انھیں اکثر و بیشتر قلق بھی ہوا کرتا تھا اور یہ سلسلہ آخر تک قائم رہا) تخلصوں کو ٹریڈ مارک کی طرح پیٹنٹ کروانے کا قانون نہ تو پہلے تھا اور نہ اب ہے کیونکہ ہر چھوٹی بڑی چیز کی رجسٹری ہو نہیں سکتی اس کے علاوہ غالبؔ کے تعلقات حکام شہر سے کچھ زیادہ اچھے نہیں تھے بلکہ کوتوالِ شہر سے تو ان کی اچھی خاصی اَن بَن تھی۔ ان نامساعد حالات میں غالبؔ، اسدؔ نامی شاعر کا کیا بگاڑ لیتے۔ اس لئے انھوں نے بحالتِ مجبوری یہ طے کیا کہ وہ آئندہ سے اسدؔ تخلص کریں گے ہی نہیں۔ انھوں نے اپنی آئندہ کی جانے والی شاعری کے لئے غالبؔ تخلص طے کر لیا۔ لیکن غالبؔ دانشمند شاعر تھے۔ غالبؔ نے اپنے سارے اشعار جو انھوں نے بحیثیتِ اسدؔ کہے تھے جُوں کے توں برقرار رہنے دیئے۔ اسدؔ تخلص سے وہ دست بردار ہوئے لیکن اسدؔ کے اشعار سے دست بردار نہیں ہوئے۔ ایک مُغل سید زادے اور ایک پٹھان کے غصّے میں یہی فرق ہوتا ہے۔ ویسے غالبؔ بھی خان تھے لیکن صرف خانِ خطابی۔ اگر یہی واقعہ

سچ مچ کے پٹھان کے ساتھ ہوا ہوتا تو اس کا رویّہ اپنے ہم تخلص شاعر یا کم سے کم اپنے کلام کے ساتھ اتنی رواداری کا نہ ہوتا۔ غالبؔ نے یہ غزلیں چاک نہیں کیں اور نہ غلام مصطفیٰ خاں شیفتہؔ نے اس پر کوئی اعتراض کیا۔ ممکن ہے غلام مصطفیٰ خاں شیفتہؔ کی نظر اس نکتے کی طرف نہ گئی ہو اور اگر جاتی بھی تو کیا ان کی ہمت ہوتی کہ غالبؔ کو یہ مشورہ دیتے کہ اسدؔ کی غزلیں خارج کر دو۔ اور ہم سے پوچھا جائے تو بذاتِ خود ہم اس قسم کی قباحتوں کو روا سمجھتے ہیں (لیکن کوئی ہم سے پوچھے گا کیوں) ہمیں اب یہ بھی یاد آرہا ہے کہ واجد علی شاہ دو تخلص کیا کرتے تھے۔ انھوں نے مردانے میں جب بھی شعر کہے منجانب اخترؔ کہے اور جو کلام بھی محل سرا میں موزوں کیا بحیثیت پیا موزوں کیا (یہ بھی ایک تہذیب تھی) واجد علی شاہ اخترؔ اور واجد علی شاہ پیا دونوں ہی مشہور شاعر ہیں۔ ہمارے دوست ڈاکٹر منّان جنھوں نے موسیقی میں پی۔ایچ ڈی کی ہے ہمیں بتا رہے تھے کہ مصطفیٰ زیدی پہلے تیغ الٰہ آبادی تھے اور رضیہ فصیح الدین پہلے رضیہ بٹ تھیں۔ ہم نے ان سے بحث کی بھی کہ تیغ الٰہ آبادی کا مصطفیٰ زیدی ہونا تو سمجھ میں آتا ہے لیکن رضیہ فصیح الدین کا رضیہ بٹ ہو جانا سمجھ میں نہیں آتا۔ یہ اس لئے سمجھ میں نہیں آتا کہ ہاجرہ مسرور اور رقیہ ممتاز تو وہیں کی وہیں رہیں۔ ڈاکٹر منّان نے حجاب اسمٰعیل کی مثال دی اور کہا کہ وہ حجاب امتیاز علی ہو گئی تھیں۔ اس پر آپ کیوں اعتراض نہیں کرتے ——— ہم نے اپنی لاعلمی تسلیم کر لی۔ اور ان سے کہہ دیا کہ ہمیں کیا معلوم کہ یہ دونوں حجاب ایک ہی ہیں۔ اسی بحث کے بعد ہی سمجھ میں آیا کہ تخلص یا نام بدلنے کی بنا پر اپنے سابقہ کلام یا ادب سے قطع تعلق کرنا ضروری نہیں ہوتا ——— اس کی کوئی شرعی پابندی نہیں ہے ——— یہ تو خیر جواز کی بات ہوئی لیکن ہم سمجھتے ہیں کہ غالبؔ جو اتنے

بڑے شاعر تھے اس قباحت کا کچھ انتظام کر سکتے تھے۔ وہ قادر الکلام شاعر تھے۔ اور بستر پر لیٹ کر شعر کہتے تھے۔ اگر انھیں اسدؔ کی غزلیں رد کرنا گوارا نہ تھا تو کم سے کم مقطع ہی بدل دیتے اس سے ان کی عظمت میں چار پانچ چاند اور لگ جاتے۔ اور ان کی تنک مزاجی کی بھی دھاک بیٹھ جاتی (اب تو کچھ نہیں ہوسکتا)۔

غالبؔ اور اسدؔ کا دیوان، شعر سمجھنے کی خاطر نہیں، صرف پڑھنے کی خاطر پڑھا جائے تو کافی لطف آتا ہے۔ کم سے کم ہم تو بہت محظوظ ہوئے۔ اسدؔ کے مقطعے ہم نے گنے تو یہ ۵۰ سے بھی کم تھے۔ جبکہ غالبؔ کے مقطعوں کی سنچری ریکارڈ پر موجود ہے بلکہ جہاں تک ہماری گنتی کا تعلق ہے یہ مقطعے تعداد میں ایک سو گیارہ ہیں۔ یہ ہندسہ ہمیں پسند آیا۔ یہ ہمیں تین وکٹوں کی طرح دکھائی دیتا ہے۔ (کرکٹ ہمارا پسندیدہ کھیل ہے۔ اتنا وقت اور کسی کھیل میں ضائع نہیں ہوتا)۔

دیوان غالبؔ کی ابتداء غالبؔ کی غزل سے ہوتی ہے لیکن یہ دیوان، اسدؔ کی غزل پر ختم ہوتا ہے اور عجیب اتفاق یہ ہے کہ دیوان کے پہلے اور آخری دونوں مقطعوں میں قفس اور اسیری کا ذکر ہے۔ (اس دیوان میں ایمرجنسی کے واقعات زیادہ ہیں) پہلی غزل کا مقطع تو شاید آپ کو بھی یاد ہوگا کیونکہ یہ غزل گائی بھی جاتی ہے۔ ؎

بس کہ ہوں غالبؔ اسیری میں بھی آتش زیر پا
موئے آتش دیدہ ہے حلقہ مری زنجیر کا

اب اسدؔ کا مقطع دیکھئے جس پر یہ دیوان ختم ہوتا ہے ؎

اسدؔ یہ موسمِ گل اور طلسم کنج قفس
خرام تجھ سے صبا تجھ سے گلستاں تجھ سے

اس شعر کا مطلب بھی حسب معمول ٹھیک سے آشکارا نہ ہوسکا لیکن گمان یہ ہوتا ہے کہ اسد اتنے پریشان یا ناراض نہیں ہیں جتنے کہ غالب اپنے مقطع میں ہیں۔ یہ عمر کا تقاضا معلوم ہوتا ہے، ہمارا خیال ہے کہ اسد زیادہ شگفتہ مزاج اور باہمت تھے کیونکہ وہ جو بھی کام کرتے تھے دل لگا کر کرتے تھے۔

؎ اس فتنہ خو کے در سے اب اٹھتے نہیں اسد
اس میں ہمارے سر پہ قیامت ہی کیوں نہ ہو

یا یہ مقطع جس میں وہ اپنے آپ کو بغرض تحمل پیش کرتے ہیں۔

؎ اسد بسمل ہے کس انداز کا قاتل سے کہتا ہے
تو مشقِ ناز کر، خونِ دو عالم میری گردن پر

اسد دانا بھی تھے۔ یہ بات بھی ہمیں ان کے ایک مقطع ہی سے معلوم ہوئی جس میں وہ کہتے ہیں۔ ؎

فائدہ کیا سوچ، آخر تو بھی دانا ہے اسد
دوستی ناداں کی ہے جی کا زیاں ہو جائے گا

اس کے برخلاف ہمیں غالب کچھ برگشتہ خاطر اور مایوس سے نظر آئے۔

؎ مر گیا پھوڑ کے سر غالب وحشی ہے ہے
بیٹھنا اس کا وہ آ کر تری دیوار کے پاس

رونے کے معاملے میں بھی غالب اسد سے بہت آگے نکل گئے۔

؎ میں نے روکا رات کو غالب وگرنہ دیکھئے
اس کے سیلِ گریہ میں گردوں کفِ سیلاب تھا

بلکہ غالب کا ایک اور مقطع اس سے بھی زیادہ خطرناک صورتحال کو پیش کرتا ہے۔

۱۰۷

؎ یونہی گر روتا رہا غالبؔ تو اے اہلِ جہاں
دیکھنا ان بستیوں کو تم کہ ویراں ہوگئیں

(اچھا ہوا کہ غالبؔ کو اس بات کا علم نہیں تھا کہ آگے چل کر رونے
کی وجہ سے نہیں بلکہ چند مخصوص لوگوں کے ہنسنے پر بستیاں ویران ہوجائیں گی)
دانائی کے باب میں بھی اسدؔ ہمیں بہتر نظر آئے کیونکہ اسدؔ جانتے تھے
کہ نادان کی دوستی میں کیا کیا فائدے ہیں، جب کہ غالبؔ تسلیم کرتے تھے کہ
ہم کہاں کے دانا تھے، کس ہنر میں یکتا تھے
؎ بے سبب ہوا غالبؔ، دشمن آسماں اپنا

آسماں اور آپ کی بے جا اور بے وجہ دشمنی کے سبب غالبؔ ہمیشہ بھرے
بیٹھے رہتے تھے اور کہتے تھے۔
؎ غالبؔ ہمیں نہ چھیڑ کہ پھر جوشِ اشک سے
بیٹھے ہیں ہم تہیۂ طوفاں کیے ہوئے

اصل میں اسدؔ نوجوان آدمی تھے اور ان کی زندگی میں ایک موقع ایسا
بھی آیا تھا کہ اُن کے ہاتھ پاؤں خوشی سے پھول گئے تھے لیکن غالبؔ نوجوانی
میں بھی اتنے خوش قسمت نہیں تھے اور ان کی پیش دستی کا خمیازہ انھیں دھول
دھپے کی صورت میں بھگتنا پڑا تھا۔ یہ سب قسمت کے کھیل ہوتے ہیں۔ غالبؔ
کے قویٰ مضمحل ہوگئے تھے، عشق نے انھیں نکما کر دیا تھا اور وہ سمجھتے تھے
کہ بس اک مرگِ ناگہانی اور باقی ہے۔
ہم نے اسدؔ اور غالبؔ کے چند مقطعے تفریحاً پڑھ لئے ورنہ ان دونوں
شاعروں کا دیوان تو وہ دیوان ہے جو اٹھائے نہ بنے۔

شیر خُرمے کے دو ایڈیشن
ایک عام
ایک ڈی لکس

کئی لوگ اسے عید الفطر کہتے ہیں، بہتوں کے ہاں یہ رمضان کی عید کہلاتی ہے پھر بہت سے ہم جیسے لوگ ہیں جو اسے صرف سویوں اور شیر خُرمے کی عید مانتے ہیں۔ یہ زاویۂ نگاہ کی بات ہوتی ہے۔

سویاں طرح طرح کی ہوتی ہیں (صرف طرح مصرعہ نہیں ہوتیں) عاشق کے عقل کی طرح موٹی بھی ہوتی ہیں اور محبوب کی کمر کی طرح پتلی بھی ہوتی ہیں۔ لیکن نہیں محبوب کی کمر تو ہوتی ہی نہیں ہے، کہا گیا ہے ؎

جیساکہ لوگ کہتے ہیں کمر ہے، کہاں ہے کس طرح کی ہے کدھر ہے۔

(آبرو کے زمانے میں محبوب کو میاں ہی کہا جاتا تھا۔ اس کا نتیجہ یہ ہوا کہ آج ہر خاتون جواں مرد ہے اور ہر مرد ـــــ جیسا بھی ہے آپ کو معلوم ہی ہے) اس لئے کمر کی عدم موجودگی میں سویوں کو لبِ نازک سے تشبیہ دی

جاسکتی ہے کیونکہ یہ اکثر و بیشتر صورتوں میں گلاب کی پنکھڑیوں کی طرح ہوا کرتے ہیں ـــ میر تقی میرؔ نے تو یہی کہا ہے۔ یہ اور بات ہے کہ ان میں خوشبو، لپ اسٹک کی ہوا کرتی ہے اور رنگ جھڑ جایا کرتا ہے (رنگ کی اب زیادہ پرواہ بھی نہیں کرنی چاہیئے۔ ایک سال کے عرصے میں لوگوں کے کتنے رنگ نظر آگئے) سیویوں کی پرکھ اور جان کاری رکھنے والوں کا خیال ہے کہ موٹی سیویاں بہتر ہوتی ہیں۔ بھونی جانے کے بعد بھی ان میں دم خم رہتا ہے۔ باریک سیویاں تو بیچاری دوسرے درجے کی شہریوں کی طرح دب کر رہ جاتی ہیں ـــ لیکن یہ عید، اصل میں شیر خرمے کی عید ہوتی ہے۔ کیونکہ یہی صحیح لفظ ہے۔ سیویاں تو شیر خرمے کا جزو ہوا کرتی ہیں اصل نہیں ہوتیں۔ لیکن اب شیر خرمہ بھی حکومتوں کی طرح برائے نام رہ گیا ہے۔ شیر خرمے سے لطف اندوز ہونے کا صحیح زمانہ وہ تھا جب ہمارے ہاں صحیح النسل بھینسیں تولد ہوا کرتی تھیں اور بڑی ہو کر قیامت ڈھایا کرتی تھیں یعنی ایمانداری کے ساتھ جتنا بھی دودھ ان میں ہوتا تھا ہمیں دے دیا کرتی تھیں۔ (اب تو شاید بھینسیں بھی ٹسٹ ٹیوب کے ذریعہ پیدا ہونے لگی ہیں۔ قطرہ قطرہ دودھ دیتی ہیں اور وہ بھی دوا کے مزے کا۔) اصل دودھ اس دودھ کو کہا جاتا ہے جس پر دو انچ موٹی بالائی جم جاتی تھی۔ اس زمانے میں اصلی دودھ دینے والی بھینسوں کی پہچان یہ تھی کہ بھینس تو پانی میں رہتی تھی اور صرف اس کے سینگ دیکھ کر لوگ اس کی قیمت لگاتے تھے (ادب میں بھی یہی طریقہ رائج ہے۔ کتاب کا گٹ اَپ دیکھ کر کتاب خریدی جاتی ہے۔) اب تو بھینس کو چاروں طرف سے اُلٹ پلٹ کر دیکھنا پڑتا ہے کہ یہ بھینس ہے بھی یا نہیں۔ بھینسوں کو جب

۱۱۰

اطلاع مل جاتی ہے کہ ان کی معقول قیمت لگائی جاچکی ہے تو وہ صحیح دودھ دینے میں کوتاہی نہیں کرتی تھیں، ددمنہ ناراض ہوکر اندر ہی اندر اپنا دودھ خود پی لیتی تھیں (اسے دودھ چرانا کہا جاتا تھا ۔ بدن چرانے کی ترکیب بھی یہیں سے نکلی ہے)

نادان بھینسیں جنہیں نئے ایڈمنسٹریشن کی ہوا نہیں لگی ہے اب بھی اصلی دودھ دینے میں تامل نہیں کرتیں لیکن عجمولی طور پر اب بھینسوں میں عقل آگئی ہے اور ان میں بھی کاہلی، سستی اور نااہلی کی صفات پیدا ہوگئی ہیں۔ اب اگر سینگ دیکھ کر بھینس خریدی جائے گی تو وہ دودھ نہیں دے گی صرف سینگ مارے گی۔ لوگ یہ بھی کہتے ہیں کہ جو بھینسیں پانی میں دیر تک کھڑے ہوکر اپنا وقت ضائع کرتی ہیں۔ ان کا دودھ خود بخود پتلا ہو جاتا ہے (پانی بھی اب سیاست کی طرح گدلا ہوگیا ہے) اس لئے سمجھ دار بیتا لوگ اب بھینسوں کو بھی ڈرائی کلین کروانے لگے ہیں (آدمیوں کے کپڑے ان جگھوں پر نہیں دھل سکتے نئے جینس (JEANS) کی بات اور ہے) ایسی ہی ڈرائی کلین کی ہوئی بھینسوں کا دودھ شیر خرمے میں استعمال کیا جانا چاہیئے کیونکہ شیر خرما سال میں ایک ہی مرتبہ کھایا جاتا ہے ۔

شیر خرما وہ پکوان ہے جس میں پکوان کا معاملہ کم اور حیران ہونے کا معاملہ زیادہ سے زیادہ ہوتلہے ہے ۔ شیر خرمے میں بادام، پستہ، چروٖنجی، کھجوریں، سیویاں، اسی طرح شریک ہیں جس طرح اچھے شعر میں زبان، بندش، لف و نشر، مضمون آفرینی وغیرہ ضروری ہیں ان سب چیزوں کی صفائی پسائی، دھلائی اور گھلائی ۔۔۔ کئی دن پہلے سے کرنی پڑتی ہے اور انہیں پونچھ پانچھ کر ایسی جگہ رکھ دینا پڑتا ہے کہ جب ان کی ضرورت

پڑے تو کسی کو یاد نہ آئے کہ کہاں رکھی ہوئی ہیں۔ آدھا دن اُن کی تلاش میں نکل جائے ——— شیر خرمے کے لئے صرف دودھ عین وقت پر ایک دن پہلے منگوانا پڑتا ہے اور دودھ منگوانے کا طریقہ یہ ہے کہ یہ جگہ جگہ سے منگوایا جائے ایک ہی جگہ سے دودھ منگوانے میں خطرہ یہ ہے کہ دودھ پتلا آتا ہے لیکن دو جگہ سے منگوانے میں فائدہ یہ ہے کہ ایک دکان سے دودھ پتلا آتا ہے تو دوسری دکان سے اس سے بھی پتلا۔ دودھ گرم کرتے وقت ان ہمہ اقسام کے دودھوں میں تھوڑا سا پانی اپنی طرف سے بھی مِلا دیا جائے۔ شیر خرما تیار کرنے کی صحیح ترکیب یہی ہے۔

عید اگر اچانک آجائے (ایسا بھی ہوا کرتا ہے) تو سارے شہر میں گھبراہٹ کی لہر دوڑ جاتی ہے (شہر میں کسی نہ کسی چیز کا دوڑتے رہنا ضروری ہے) اور ہر شخص دودھ کی تلاش میں گھر سے باہر نکل جاتا ہے۔ دودھ بیچنے والے پانی کی فکر میں نکل پڑتے ہیں سُنا ہے درزیوں کے ہاں بھی لائن لگ جاتی ہے اور جو کپڑا جس کے ہاتھ لگ جاتا ہے اسی کا ہو جاتا ہے کیونکہ شاعر کہتا ہے جو بھی ہاتھ بڑھا کر اٹھالے جام اسی کا ہے۔ عید کے دن اسی لئے اکثر لوگ ایسے کپڑوں میں نظر آتے ہیں جو یا تو قافیے کی طرح تنگ ہوتے ہیں یا سیاسی بیانوں کی طرح پھیلے ہوئے ——— شیر خرما یوں تو آپ جب چاہیں کھا سکتے ہیں لیکن یہ صرف عید کے دن کی خاص الخاص ڈِش ہے۔ عید کے بغیر شیر خرما یا شیر خرمے کے بغیر عید ایسی ہی ہے جیسے آدمی تن تنہا ہنی مون منانے کی کوشش کر رہا ہو۔ عید کے دن کے شیر خرمے اور کسی اور دن کے شیر خرمے میں وہی فرق ہوتا ہے جو برتھ ڈے کیک اور معمولی کیک میں ہوا کرتا ہے۔ (برتھ ڈے کیک پر جب

ہیپی برتھ ڈے ٹو یو بی کاڑھ دیا جاتا ہے تو اس کی قیمت میں ۱۵ روپے کا اضافہ ہو جاتا ہے)۔

شیر خرما ہی وہ تنہا ڈِش ہے جو کسی ہوٹل میں نہیں ملتی اور اگر کسی ہوٹل میں شیر خرما فروخت کیا جاتا ہے تو سمجھ لیجئے یہ اصل شیر خرما نہیں ہے۔ یہ ایسے ہی ہے جیسے شراب کی ناجائز کشید۔ شیر خرمے کی بھٹیاں نہیں ہوا کرتیں۔ یہ ہوٹل میں کشید کرنے کی چیز نہیں۔ اس کی تیاری میں جب نسوانی ہاتھوں کا دخل نہ ہو تو وہ شیر خرما شادی کی اس بارات کی طرح ہوتا ہے جس میں صرف جہیز لے جایا جا رہا ہو، دلہن نہ ہو۔ جو لوگ غور سے یعنی دل لگا کر شیر خرما کھاتے ہیں۔ انھیں شیر خرمے میں چوڑیوں کی کھنک سنائی دیتی ہے۔ یہ وہ لوگ ہوتے ہیں جو پھول کا نغمہ اور رنگ کی آواز سننے کی اہلیت رکھتے ہیں۔ اس لئے ہر شخص کو چاہیئے کہ وہ کان کھول کر شیر خرما کھائے۔ آنکھیں بھی کھلی رہیں تو کوئی حرج نہیں۔ شیر خرمے کے تعلق سے یہ بات بھی سننے میں آئی ہے کہ مرد گھر کا پورا کھانا پکا سکتے ہیں لیکن شیر خرما نہیں تیار کر سکتے۔ آج تک کوئی ایسا شوہر دیکھنے یا سننے میں نہیں آیا جسے شیر خرما تیار کرنے پر مجبور یا مامور کیا گیا ہو۔ شیر خرمے کا یہ پہلو بھی کچھ کم خوشگوار نہیں۔

شیر خرمے پر روزہ داروں کا حق تو خیر ہوتا ہی ہے لیکن غیر روزہ داروں کا حق بھی برابر برابر کا ہوا کرتا ہے۔ بعض گھروں میں شیر خرمے پر غیر روزہ داروں کا حق زیادہ ہوتا ہے۔

شیر خرمے کے بارے میں اکثر یہ پوچھا جاتا ہے کہ اسے کھایا جائے یا پیا جائے۔ یہ مسئلہ آج بھی حل طلب ہے۔ (یہ بھی علی گڑھ مسلم یونیورسٹی کی طرح

ہے جس کا کردار ابھی طے ہونا باقی ہے) بعض لوگ شیر خرما کھاتے ہیں اور بعض لوگ پیتے ہیں۔ اس بات کا انحصار اپنی اپنی عادتوں پر ہوتا ہے لیکن شیر خرمے کے ماہرین کی رائے یہ ہے کہ اسے پہلے کھانا چاہیئے اور پھر پی لینا چاہیئے (اسے شیر خرما کھا پی لینا کہا جاتا ہے)۔

عید کی ملاقات بہت مختصر ہوتی ہے تاکہ آدمی کم سے کم وقت میں زیادہ سے زیادہ گھروں میں جا کر شیر خرما کھا پی سکے۔ کئی نوجوان ایک ہی دن میں تیس تیس پیالیاں شیر خرما شکم نشیں کر لیتے ہیں ان میں سے کئی رن آؤٹ ہو جاتے ہیں۔ جو جیالے ہوتے ہیں۔ پورا دن گزرنے پر بھی ناٹ آؤٹ رہتے ہیں —— شیر خرمے میں دقت یہ ہے کہ اسے کھانے یا پینے کی مشق نہیں کی جا سکتی۔ جو کچھ کمال دکھانا ہوتا ہے بغیر مشق کے ایک ہی دن میں دکھانا ہوتا ہے۔ شیر خرما کھانے کے بعد تھوڑا سا عطر ضرور لگا لینا چاہیئے خوشبو سے آدمی تازہ دم ہو جاتا ہے۔ اکثر مائیں عید کی نماز کے لئے جب اپنے بیٹوں کو بھیجتی ہیں تو دعائیں دے کر بھیجتی ہیں کہ بیٹا زیادہ سے زیادہ گھروں سے شیر خرما کھا کر پلٹنا۔ راستے میں کہیں ہمت نہ ہار جانا۔

لیکن جتنی خوشی شیر خرما کھانے میں ہوتی ہے اتنی ہی بلکہ اس سے بھی زیادہ شیر خرما کھلانے میں ہوتی ہے۔ اس میں بس احتیاط کرنی چاہیئے کہ پیالیاں جن میں شیر خرما پیش کیا جائے اتنی بڑی ہوں کہ ان میں دو چمچے شیر خرما سما سکے۔

بعض گھروں میں شیر خرمے کے دو ایڈیشن نکالے جاتے ہیں ایک عام اور ایک ڈی لکس۔ ڈی لکس ایڈیشن شیر خرما ان لوگوں کی قسمت میں ہوتا ہے جو........ اب آپ خود سمجھ جائیے کہ یہ کون لوگ ہو سکتے ہیں۔

عید کے دن کسی کو شیر خرما کھانے سے روکنا مناسب نہیں ہے۔ آپ

زیادہ سے زیادہ یہ کرسکتے ہیں کہ شیرخرمے کے بعد اگر پان پیش کریں تو اس میں چونا ذرا زیادہ لگا دیں۔ کم سے کم دوسروں کے گھروں میں امن رہے گا۔

لیکن شیرخرمے کے بغیر بھی تو عید مبارک کہا جاسکتا ہے۔ ان دو لفظوں میں بھی کچھ کم مٹھاس نہیں ہوتی۔

جلوس پیش خدمت ہیں

ہم اپنی تعریف آپ کرنے پر اس لئے مجبور ہیں کہ اس کے بغیر آپ ہماری صلاحیتوں سے واقف نہیں ہو سکتے۔ اپنے بارے میں کچھ عرض کرنے سے پہلے ہم آپ کو یہ بتا دینا بھی ضروری سمجھتے ہیں کہ ہم شہی اور انکہ ہر ایک کے فرق اور ان کے نتائج و نقصانات سے بھی واقف ہیں اس لئے ہم جو کچھ عرض کریں گے وہ سچ ہوگا (وہ سچ نہیں جو حلف لے کر بولا جاتا ہے)

ہماری فرم پچھلے ۲۲ سالوں سے ہندوستانی فلموں کے لئے اکسٹرا فراہم کرتی آئی ہے۔ اور آج تک ہمارے کسی سرپرست کو ہم سے کوئی شکایت نہیں ہوئی (ہوتی بھی کیسے جب کہ ہم نے کسی سے ان کے دام وصول کئے اور نہ اکسٹرا ہی واپس مانگے) اپنے تجربے اور عوام کی معیاری ضرورتوں کو پیش نظر رکھتے ہوئے ہم نے آج سے کئی سال پہلے اپنے ادارے میں ایک نیا شعبہ شعبۂ فراہمی ٔمورچہ" قائم کیا تھا (یہ ہماری تجارتی سوجھ بوجھ تھی ۔ تجارتی تو سوجھ بوجھ تھی ۔ تنقیدی سوجھ بوجھ سے

الگ ہوتا ہے۔ تجارتی سوجھ بوجھ دکھائی نہیں دیتی لیکن ہوتی ضرور ہے جب کہ تنقیدی سوجھ بوجھ صرف دکھائی دیتی ہے) اپنی دسویں سالگرہ کے موقع پر یہ شعبہ اب ایک خود مختار اور علیحدہ ادارے کی حیثیت سے آپ کی خدمت میں حاضر ہو رہا ہے۔ اسے ایک علیحدہ فرم کی حیثیت دینے کی ضرورت اس لئے پیش آئی کہ اس شعبے میں کام بہت بڑھ گیا۔ ایک ہی دن میں کئی کئی آرڈر موصول ہوتے ہیں۔ یہ آرڈر نہ صرف شہر اور مضافات کے ہوتے ہیں بلکہ اب تو اضلاع سے بھی فرمائشیں وصول ہونے لگی ہیں اور ہم اخلاق کے بندے کسی سے انکار کرنے کے عادی نہیں ہیں ـــــ ہمیں آپ کو یہ اطلاع دیتے ہوئے خوشی ہو رہی ہے کہ اب ہم نے اپنی اس نئی کمپنی کے لئے قلب شہر کی سب بڑی عمارت "دلنواز" میں گیارھویں منزل پر جگہ حاصل کرلی ہے۔ (پگڑی کا حساب ہم کسی کو بتاتے نہیں) ـــ ہمارا دفتر ڈھائی ہزار مربع فٹ جگہ کو احاطہ کئے ہوئے ہے اور اس میں ۶ ٹیلی فون لگے ہوئے ہیں ـــ (ٹیلیفون حاصل کرنے کا ایک خاص طریقہ ہوتا ہے) صرف ایک ماہ کے عرصے میں ہمارے دفتر میں اِن کمنگ یعنی وصول شدہ پیاموں کی تعداد ایک ہزار سے زیادہ تھی۔ اِس ایک ہزار میں رانگ نمبر کے فون شامل نہیں ہیں۔ خطوں اور تاروں کے ذریعے وصول ہونے والے آرڈرس علیحدہ ہیں جن کی گنتی جاری ہے۔

نوعیت کار: مہرباں ہو کے بُلا لو ہمیں چاہے جس وقت۔

ہم ہر نوعیت اور ہر وضع کے مورچوں کے لئے اشخاص اور اسباب فراہم کرتے ہیں۔ احتیاطاً ہم ان اشخاص کو ایکسٹرا کا نام نہیں دیتے۔ جب بھی آپ کو کوئی جلوس لے جانا ہو چاہے وہ احتجاجی ہو یا مطالباتی، تہنیتی ہو یا تعزیتی (خدانخواستہ) سیاسی ہو یا بلا وجہ۔ فرمائش وصول ہونے پر ہم آپ کے بجٹ اور آپ کی حیثیت

کے مطابق ایک سالم اور مکمل مورچہ فراہم کردیں گے۔ ایک ہزار سے کم اشخاص کے مورچوں کے آرڈر ہم قبول نہیں کرتے (چھوٹے مورچے اتنے بڑے شہر میں گم ہو جاتے ہیں)۔ پانچ سے پندرہ ہزار تک کے مورچوں کے لئے ہمیں صرف بارہ گھنٹے پہلے فرمائش بھیج دی جائے تو کافی ہے (لیکن مخصوص حالات میں ہم ارجنٹ آرڈر بھی قبول کر لیتے ہیں) اس سے بڑے یعنی بی کلاس مورچے ۲۴ گھنٹوں کی نوٹس پر فراہم کئے جاتے ہیں۔ اے کلاس کے مورچے جن میں کم سے کم ۲۵ ہزار افراد حصہ لیتے ہیں۔ آٹھ دن کی نوٹس پر حاصل کئے جا سکتے ہیں۔

مختلف سائز اور مختلف ضرورتوں کے مورچوں کے علاوہ جلسوں اور تقریبوں کے لئے شرکائے جلسہ اور حاضرینِ محفل بھی فراہم کرنے کا انتظام ہمارے یہاں موجود ہے (یہ بالکل الگ قسم کا گروپ ہوتا ہے)

اقسام مورچہ: گر جیت گئے تو کیا کہنا، ہارے بھی تو بازی مات نہیں۔

اپنے سرپرستوں کی سہولت کی غرض سے ہم نے مورچوں کی اصناف مقرر کردی ہیں۔ اصناف سے مراد صنف نازک یا صنف سخت نہیں بلکہ وہ اصناف ہیں جو فنون لطیفہ میں رائج ہیں)

۱۔ خاموش مورچہ - یہ مورچہ بہت متین، سنجیدہ اور تقریباً مہذب لوگوں سے بنایا جاتا ہے۔ یہ مورچہ جب سڑکوں پر چلتا ہے تو ایسا معلوم ہوتا ہے کہ کوئی قافلہ ہے جو کسی میر کارواں کے پیچھے پیچھے آنکھیں بند کئے چلا جا رہا ہے یہ مورچہ راہ چلتے ہوئے ادھر ادھر نہیں دیکھا کرتا۔ نعرے بھی نہیں لگاتا۔ اس مورچے کے ہاتھوں میں جھنڈے نہیں ہوتے۔ صرف تختیاں ہوتی ہیں جن پر چاک سے کچھ لکھا ہوتا ہے لیکن لوگ اسے پڑھ نہیں سکتے۔ اس مورچے میں حصہ لینے والے لوگ

صاف ستھرے کپڑے پہنے ہوتے ہیں۔ اس لئے اس مورچے کو دھوپ میں زیادہ دیر تک نہیں رکھا جاسکتا۔ اسے گرد وغبار سے بھی بچانا چاہیئے۔ یہ مورچہ ایک پُرسکون جھیل کی مانند ہوتا ہے اور افراد مورچہ دوران کار' کھانا پینا تو الگ رہا، پانی پینے سے بھی احتراز کرتے ہیں۔ اکثر لوگ اسے معززمورچہ کہتے ہیں لیکن ہم مبالغہ سے کام نہیں لیں گے۔

پُرجوش مورچہ: پُرجوش مورچہ اس مورچہ کو کہتے ہیں جس کی آمد آمد کی خبر سُن کر دوکاندار احتیاطاً اپنی دوکانوں کے شٹر گرا دیتے ہیں۔ یہ مورچہ اس بات کاخیال رکھتا ہے کہ ہوٹلوں اور چائے خانوں میں کوئی چیز رکھے رکھے ضائع نہ ہونے پائے۔ اس مورچے کو سڑک پر کھڑے رہ کر نہیں دیکھا جاسکتا اسے گھر کی بالکنی یا کھڑکی سے دیکھنا چاہیئے۔ اہلِ مورچہ اور اہلِ نظر میں اتنا فاصلہ ہونا ہی چاہیئے۔ پُرجوش مورچے کی تیاری اور فراہمی پر ہم زیادہ سے زیادہ توجہ دیتے ہیں اور اس بات کا اہتمام کرتے ہیں کہ کوئی کسر نہ رہ جائے گھنٹوں ٹریفک کو رکوا دینا اس مورچے کا پہلا کام ہے۔ ضرورت پڑنے پر مورچہ اور کئی کام کرسکتا ہے جس کی تفصیل بیان کی جانی ضروری نہیں ہے بعض باتیں اشاروں میں کہی جاتی ہیں۔

پُرتشدد مورچہ: یہ پُرجوش مورچے کی اعلیٰ قسم ہے اور یہ مورچہ بصیغۂ راز فراہم کیا جاتا ہے۔ اس مورچے میں حصّہ لینے والے اشخاص کوئی معمولی لوگ نہیں ہوتے کہ مُنہ اُٹھایا اور چلے آئے۔ یہ سب تربیت یافتہ لوگ ہوتے ہیں اور انھیں بڑی احتیاط سے سپلائی کرنا پڑتا ہے۔ اس مورچے کی اہمیت کا اندازہ صرف اس رپورٹ سے ہوسکتا ہے جو بعد میں شائع ہوتی ہے بعض

وقت تو اس کے کارناموں کی داد دینے کے لئے کمیشن بھی قائم کرنا پڑتا ہے اس مورچے کی سب سے بڑی خوبی یہ ہے کہ یہ جدھر سے بھی گزر جاتا ہے وہاں کئی دنوں تک سناٹا رہتا ہے۔ اس مورچے کا نرخ بھی زیادہ ہے۔ اس نرخ میں مورچے کے اخراجاتِ طعام شامل نہیں ہیں۔ مورچہ اپنا انتظام خود کر لیتا ہے اس مورچے کے ہاتھوں میں کوئی غیر مضرت رساں چیز نہیں ہوتی کچھ ٹرک بھی ساتھ چلتے ہیں ان باربردار گاڑیوں میں کیا سامان ہوتا ہے عوام کو اس سے واقف ہونے میں زیادہ دیر نہیں لگتی۔

پُرسوز مورچہ :۔ جب کسی شخص کا پتلا نذرِ آتش کرنا ہو یا کسی کی ڈمی میت کا بندوبست کرنا ہو تو ایسے موقعوں پر پُرسوز مورچہ کارآمد ثابت ہوتا ہے اس مورچے کے لئے ہم نے مخصوص لباس بھی تیار کروائے ہیں لیکن مورچے میں صرف دو یا ڈھائی درجن مورچہ کن باوردی ہوں گے، باقی کے شرکا مفتی لباس میں ہوں گے لیکن یہ بھی امتیازی حالت میں ہوتے ہیں۔ کیوں کہ انہیں سیاہ رنگ کے بازو بند اور جھنڈوں سے آراستہ کیا جاتا ہے۔

پُرساز مورچہ :۔ یہ مورچہ جس میں زیادہ تعداد خواتین کی ہوتی ہے چھوٹے موٹے آلاتِ موسیقی، ٹین کے ڈبوں، تھالیوں اور اس قسم کے دوسرے گھریلو ظروف کی مدد سے تیار کیا جاتا ہے۔ یہ مورچہ دیکھنے اور سننے سے تعلق رکھتا ہے اس مورچہ پر خرچ زیادہ آتا ہے۔ لیکن نتائج بھی بہتر حاصل ہوتے ہیں۔ یہ مورچہ زیادہ دور پیدل نہیں چل سکتا۔ تکلیف ہوتی ہے (کیا تکلیف ہوتی ہے یہ ہم بیان نہیں کر سکتے)۔ ان کے علاوہ اور بھی طرح طرح کے مورچے ہیں جو موقع اور مقام کی مناسبت سے فراہم کیئے جا سکتے ہیں۔ اہم موقعوں پر نمونے کے مورچے

۱۲۰

بھی فراہم کیے جاتے ہیں اور ان کا کوئی معاوضہ طلب نہیں کیا جاتا۔ (دراآخر خدمتِ خلق بھی کوئی چیز ہے، تجارت تو ہوتی ہی رہتی ہے)

مورچوں کی وجہِ تسمیہ : مورچہ اس عہد کی ضرورت ہیں ۔ تمک چلے ترقی یافتہ ہو یا پسی ماندہ ۔ وسیع ہو یا باقی ماندہ ۔ مال دار ہو یا مقروض غریب ہو یا غنیب ، مورچوں کے بغیر اس کا کاروبار نہیں چل سکتا ۔

ہم نے اپنے تجربے کی بنا پر یہ بات بھی محسوس کی ہے کہ بعض وقت صورتحال بہت نازک ہوتی ہے اور مورچے کا اہتمام خلافِ مصلحت ہوتا ہے ۔ ایسے موقعوں پر صرف تصویروں سے کام لینا چاہیے ۔ ہم مورچوں کی تصویریں بھی فراہم کرتے ہیں ۔ یہ بھی چھپوالی جائیں تو کافی ہیں ۔

اب ہم زیادہ کیا عرض کریں ۔ کئی باتیں ایسی ہوتی ہیں جو لکھی نہیں جاتیں ۔ ہم سے ہمارے دفتر میں ملاقات کیجیے اور ہمارے نرخ نامے کا مطالبہ کیجیے ۔ اتنے داموں پر اتنے اچھے مورچے آپ کو کہیں اور نہیں ملیں گے ۔ براہِ کرم یہ بات یاد رکھیے کہ ہم اپنے فراہم کیے ہوئے مورچے واپس نہیں لیتے ۔

ہمارا یہ تہ فون نمبر اور دوسری تفصیلات اس کتابچے کی پشت پر درج ہیں ۔

سرِ ورق پر جو تصویر ہے وہ کسی مورچے کی تصویر نہیں ۔

ہمارے استاف ممبر دل کا گروپ فوٹو ہے (ایک خود مختار کمپنی کے لیے اتنا عملہ تو چاہیے ہی)

ہم اس سے زیادہ کچھ عرض کرنا نہیں چاہتے ۔ آپ نے ہماری خدمات سے استفادہ نہیں کیا تو نقصان میں آپ رہیں گے ہم نہیں ۔

یاد رہے کہ الکشن نزدیک ہیں ۔

■ ■

مضمونچے

(۱)

سرکاری محکموں کی تعداد کسی بھی مُلک میں کم نہیں ہے اور جس مُلک میں بھی سرکاری، نیم سرکاری محکمے تعداد میں کم ہیں، وہاں کے عوام کسی نہ کسی تکلیف میں ضرور مبتلا رہتے ہیں۔ ہمارے ہاں چونکہ آبادی زیادہ ہے اور یہ آبادی، فسادات کی مقررہ تعداد کے باوجود کسی طرح کم نہیں ہوتی اس لئے سرکاری محکمے بھی تعداد میں کم نہیں ہیں اور آبادی کے تناسب سے ہر سال ایک نہ ایک محکمہ ضرور تولد ہوتا ہے جس کا فیض دُور دُور تک پہنچتا ہے۔ یوں تو سارے سرکاری محکمے طبعًا اور بنفسہٖ خوش اخلاق ہوتے ہیں اور ان کے لئے ضروری نہیں ہے کہ یہ کسی قسم کی خوش اخلاقی کا مظاہرہ کریں لیکن اِن محکموں میں سے چند محکموں نے طے کر رکھا ہے کہ وہ سال میں ایک مرتبہ ضرور "ہفتۂ خوش اخلاقی" منایا کریں گے۔ یہ ان کا سالانہ جشن ہوتا ہے اور اس جشن کے موقع پہ خصوصی خوش اخلاقی کا مظاہرہ کیا جاتا ہے جس کا نتیجہ یہ ہوتا ہے کہ محکمے کے سبھی لوگوں

کی باچھیں غیر ضروری طور پر کھلی رہتی ہیں۔ عوام کا اِن باچھوں سے کوئی شرعی غیر شرعی تعلق نہیں ہوتا لیکن ان بے تحاشا کھلی ہوئی باچھوں کی نمائش سے عوام اس محکمے کے بارے میں اور بھی زیادہ شک و شبہ میں مُبتلا ہو جاتے ہیں۔
—— "ہفتۂ خوش اخلاقی" کے تعلق سے حال حال میں دو مطالبے پیش ہوئے ہیں، ان میں سے ایک مطالبہ تو محکمے میں کام کرنے والے عہدہ داروں اور ملازمین کے افرادِ خاندان کی طرف سے کیا گیا کہ اِن سب لوگوں کو پابند کیا جائے کہ وہ سال میں ایک مرتبہ اپنے اپنے گھر میں بھی ایک ہفتے تک خوش اخلاقی کا مظاہرہ کریں تاکہ عوام الناس اور غیر متعلق اشخاص کے ساتھ ساتھ ان کے اپنے بیوی بچے بھی ان کے حُسنِ سلوک سے مستفید ہو سکیں۔ اس مطالبے کے ساتھ افرادِ خاندان کا ضمنی مطالبہ یہ بھی ہے کہ اس ہفتے میں پورے ۷ دن خوش اخلاقی کے ہونے چاہئیں نہ کہ صرف ۵ یا ۶ دن۔

افرادِ خاندان کے اس مطالبہ سے ہم بے حد متاثر ہوئے اور ہمارا جی چاہا کہ ہم اس مطالبے کی تائید میں کوئی عملی قدم اٹھائیں لیکن اس سے پہلے کہ ہم اس معاملے میں دخل دیتے، اربابِ مقتدر نے اس مطالبے کو رد کر دیا۔ کہا جاتا ہے جب یہ مطالبہ پیش ہوا تو اربابِ مقتدر اس پر خوب ہنسے۔
—— (یہ لوگ جب بھی ہنستے ہیں اسے ان کی خوش مذاقی سمجھا جاتا ہے) ہنسی سے فارغ ہونے کے بعد انھوں نے اس مطالبے پر سنجیدگی سے غور کیا اور اسے بلا تامّل رد کر دیا۔ عام طور پر سرکاری محکموں میں عجلت میں کوئی فیصلہ نہیں کیا جاتا لیکن اس مطالبے کی نوعیت ہی کچھ ایسی تھی کہ اربابِ مقتدر کو اپنے دماغ پر بار ڈالنے کی ضرورت محسوس نہیں ہوئی۔ ان کی متفقہ

رائے یہ تھی کہ بیوی بچوں کے ساتھ اندرونِ خانہ کیا سلوک کیا جاتا ہے اس سے انتظامیہ کو کوئی سروکار نہیں ہے۔ بیوی بچے عوام کی تعریف میں نہیں آتے اس لئے محکمہ اپنے عہدہ داروں اور عملے کو گھروں میں بھی خوش اخلاقی کرنے پر مجبور نہیں کرسکتا۔ سننے میں آیا ہے کہ یہ مطالبہ اصل میں خود اربابِ اقتدار کے افراد خاندان کی ایما پر پیش کیا گیا تھا ورنہ عملے کے دیگر افراد کے گھروں میں حالات ایسے نہیں ہیں کہ ان کے بیوی بچوں کو مزید خوش اخلاقی درکار ہو۔

دوسرا مطالبہ خود عہدہ داروں اور ملازمین کی طرف سے پیش ہوا۔ جس میں یہ گزارش کی گئی ہے کہ کامل ایک ہفتے تک خوش اخلاقی کرتے رہنا ممکن نہیں ہے۔ اس مطالبے کے ساتھ ایک طبّی ہدایت نامہ بھی منسلک کیا گیا جس میں چند مشہور و معروف اطبا کی یہ رائے درج ہے کہ عام عادات و اطوار کے خلاف کام کرنے پر مجبور کرنے سے انسانی اعصاب پر برا اثر پڑتا ہے۔ ان اطبا نے اپنی رپورٹ میں یہ تک لکھا ہے کہ اب خود ڈاکٹر بھی اتنی طویل مدت تک اپنے مریضوں کے ساتھ خوش اخلاقی نہیں برتتے۔ کہا جاتا ہے اس مطالبے پر بڑی سنجیدگی سے غور کیا جارہا ہے اور ہر دوسرے تیسرے روز اس مسئلے پر چند گھنٹے ضرور بحث ہوتی ہے۔ اس بات کا قوی امکان ہے کہ "ہفتۂ خوش اخلاقی" کو یومِ خوش اخلاقی یا ساعتِ خوش اخلاقی میں تبدیل کردیا جائے (لمحہ خوش اخلاقی کا خیال شاید کسی کے ذہن میں نہیں آیا۔

یہ خبر بھی ملی ہے کہ جواباً عوام بھی خوش اخلاقی شروع کرنے والے

ہیں ـــــ اگر یہ خبر صحیح ہے تو چند دنوں بعد ہمیں ہفتۂ خوش اخلاقی کے کے علاوہ مقابلۂ خوش اخلاقی کا بھی سامنا کرنا ہوگا۔

---

(۲)

● کھیلوں میں سب سے اچھا کھیل "قلابازی" ہے۔ اس کھیل میں حصہ لینے کے لئے چھوٹی بڑی عمر کی قید نہیں ہوتی بلکہ اس میں سب سے اعلیٰ درجے کی قلابازی اس شخص کی ہوتی ہے جس کی عمر کم سے کم پچھتر سال ہو۔ یہ عمر مسلسل قلابازیوں کی ہوتی ہے۔ قلابازیوں کا سب سے اچھا میدان سیاست کا میدان ہوتا ہے۔ اس پر گھاس بھی ہوتی ہے۔

● بھائیو اور بہنو کہہ کر جب بھی کوئی مقرر عوام سے مخاطب ہوتا ہے تو سمجھ لینا چاہئیے کہ یا تو مقرر اپنے والدین کی اکلوتی اولاد ہے یا اسے چند در چند وجوہ کی بنا پر عاق کر دیا گیا ہے۔

● غربت لاعلاج مرض ہے۔ اس مرض کا علاج کرنے والے ڈاکٹر اپنی غربت دور کر کے سمجھتے ہیں سب کا بھلا ہو گیا۔

● انکم ٹیکس ادا کرتے وقت بھول جانا چاہئیے کہ اہل و عیال کے لئے بھی کچھ پس انداز کرنا ضروری ہوتا ہے ـــــ ویلفیر اسٹیٹ میں ایسی فضول باتیں نہیں سوچی جاتیں۔

● ادب کوئی منفعت بخش فعل نہیں لیکن اس میں سہولت یہ ہے کہ ادب میں داخلے کے لئے کوئی انٹرویو نہیں ہوتا۔

● کتنے ہی والدین جنھوں نے اپنی طالب علمی کے زمانے میں کبھی ہوم ورک نہیں کیا، اپنے بچوں کا ہوم ورک کرنے پر جبراً مامور کئے جاتے ہیں۔ ان بچوں کے فیل ہونے کا ذمہ دار استادوں کو کیسے ٹھیرایا جاسکتا ہے۔ ان اساتذہ کو تو معلوم تک نہیں ہوتا کہ ان کے طالب علم کون ہیں ـــ اساتذہ تعلیم کے معاملے میں معصوم اور بے قصور لوگ ہوتے ہیں۔

● سُنا گیا ہے بعض اسکولوں میں چھوٹے بچوں کے داخلے کے لئے اُن کے والدین کو انٹرویو دینا پڑتا ہے۔ یہ والدین مارے شرمندگی کے کوئی احتجاج بھی نہیں کرسکتے۔ والدین کو فیملی پلاننگ کی طرف راغب کرنے کی یہ بھی ایک تدبیر ہے۔

● ایک زمانہ تھا جب شہر کے ہر محلے میں ایک میر محلہ ہوا کرتا تھا جس کا ہر شخص ادب کرتا تھا ـــ آج بھی محلے والے ایک شخص کا ادب کرتے ہیں لیکن یہ شخص میر محلہ نہیں "دادا" کہلاتا ہے۔

● آدمی کی تخلیق کو کتنے قرن گزر گئے اور آدمی آج بھی اشرف المخلوقات ہے۔ اتنے عرصے تک اشرف المخلوقات بنے رہنا معمولی بات نہیں۔

● سُنا گیا ہے، ان دنوں خون کے بنکوں میں جو کچھ بھی خون جمع ہے وہ ناقص ہے۔ مجبوری یہ ہے خون بیچنے والوں کا خون ناقص نہیں تو کیا خالص ہوگا۔ خون بیچنے والوں کا خون نہیں، خون کا عطیہ دینے والوں کا بھی خون دیکھ سمجھ کر وصول کرنا چاہیئے ـــ اس طرح خون خرابے سے کیا حاصل؟

● صدمے کئی قسم کے ہوتے ہیں۔ ذہنی صدمہ، جسمانی صدمہ اور مالی صدمہ۔ ذہنی صدمہ، ادیبوں اور شاعروں سے پہنچتا ہے۔ جسمانی صدمہ، قانونی اور غیر قانونی زد جاؤں سے۔ مالی صدمے سے البتہ ۸۰ فیصد لوگ محفوظ رہتے ہیں ان کے پاس کچھ ہو تو صدمہ پہنچے یا یوں ہی پہنچ جائے۔

ایک اور صدمہ ہوتا ہے جو کچھ کچھ خوشی کا باعث ہوتا ہے۔ اسے انگریزی میں پلیزنٹ شاک کہا جاتا ہے ــــ یہ ٹرینوں کے وقت پر چلنے سے پہنچتا ہے (شاذ و نادر)

● اگر آدمی اپنے پیشے پر زیادہ توجہ نہ کرے تو زندگی کے کئی شعبوں میں بے پناہ ترقی کر سکتا ہے یعنی اتنی کہ دوسرے پناہ مانگنے لگیں۔

● آنکھوں سے کئی کام لئے جا سکتے ہیں۔ اکثر لوگ اپنی آنکھوں سے صرف چشم پوشی کا کام لیا کرتے ہیں، خاص طور پر حکومتیں۔ اگر ایک ملک کسی دوسرے ملک پر حملہ کر دے تو یہ تیسرے ملک کے لئے چشم پوشی کا سنہری موقع ہوتا ہے ــــ گھریلو معاملات میں بھی ایسے کئی زریں موقعے آتے ہیں۔

● ڈاکٹر ہر دو منٹ بعد اپنے ہاتھ دھو لیتے ہیں۔ ہاتھ دھو کر پیچھے پڑ جانا اسے ہی کہتے ہیں ــــ مریضوں سے زیادہ نرسیں پریشان رہتی ہیں۔

● بیت المال میں سب سے بڑا حصہ اس شخص کا ہوتا ہے جو اول خویش بعد درویش کا سبق بھولا نہ ہو۔

۱۲۷

(۳)

کہا جاتا ہے کہ اتفاق و اتحاد بڑی عمدہ چیز ہے ۔ کتابوں میں بھی یہی لکھا ہے لیکن چونکہ لیڈروں پر کوئی پابندی نہیں ہے کہ وہ کتابیں پڑھا کریں ، اس لئے وہ اب تک اس بات سے لاعلم تھے ۔ جوں ہی انہیں معلوم ہوا کہ اتفاق و اتحاد کے کئی فائدے ہیں انھوں نے طے کر لیا ہے کہ آئندہ نہ صرف وہ اس کی تلقین کریں گے بلکہ خود بھی آپس میں متحد رہنے کی کوشش کریں گے اور واقعہ یہ ہے کہ کئی لیڈر منتشر ہونے کی کوشش کرتے ہوتے ہوئے پائے گئے ۔ ان کی ان حرکتوں سے اس بات کا خدشہ پیدا ہو گیا ہے کہ کہیں یہ واقعی متحد نہ ہو جائیں ۔ ان کے معجزہ اتحاد سے ملک و قوم کو جو نقصان پہنچے گا ، یہ غریب ملک اس کی تاب کیوں کر لا سکے گا ؟

سیاسی جماعتوں نے اتفاق و اتحاد کا جو منصوبہ بنایا ہے اس میں سب سے پہلے یہ کرنا ہوتا ہے کہ ایک جماعت کے چند لوگ اس جماعت سے مستعفی ہو کر ، کسی اور سیاسی جماعت کے ممبر بن جاتے ہیں ۔ اور چونکہ ان آنے والے مسافرین کے لئے جگہ خالی کرنی پڑتی ہے اس لئے اس سیاسی جماعت کے ممبر ، مستعفی ہو کر ، کسی اور سیاسی جماعت میں داخل ہو جاتے ہیں ۔ اس رد و بدل سے کسی بھی سیاسی جماعت کے ممبروں کی تعداد کو نقصان نہیں پہنچتا اور اتفاق و اتحاد بھی پیدا ہوتا رہتا ہے ۔ اتحاد پیدا کرنے کی ایک اور قابلِ قبول بلکہ بہتر صورت یہ ہے کہ تھوڑے تھوڑے ممبر ہر سیاسی جماعت سے مستعفی ہو جائیں اور کسی ایک جگہ جمع ہو کر اپنی نئی پارٹی تشکیل دیں ۔

اس طرح جو جماعت پیدا ہوگی وہ بھی اتحاد و اتفاق کے لئے جان توڑ کوشش کرے گی اور فائدہ یہ ہوگا کہ اتفاق و اتحاد کے مشن کو ایک اور سیاسی پارٹی کی مدد ملے گی۔

اتفاق و اتحاد پیدا کرنے کے لئے یہ بھی ضروری ہے کہ بیرونی ملکوں کے دَورے کئے جائیں اور معلوم کیا جائے کہ بیرونی ملکوں میں اتفاق و اتحاد کی کیا صورت ہے اور اتفاق و اتحاد میں واقعی برکت ہے یا کتابوں میں بس یونہی لکھا ہوا ہے۔ بیرونی ملکوں کا سفر اس لئے بھی ضروری ہے کہ سفر وسیلۂ ظفر ہے۔

اتفاق و اتحاد پیدا کرنے کے لئے اگر کچھ کمیٹیاں بنانے کی ضرورت پیش آئی تو اس سے بھی گریز نہیں کیا جائے گا کیونکہ دس بیس کمیٹیاں اگر اور بن گئیں تو اس سے کیا فرق پڑنے والا ہے۔

---

(۴)

سڑکوں کے بارے میں عام خیال ہے کہ انھیں صرف آدمیوں اور سواریوں کی آمد و رفت کے لئے استعمال کرنا چاہیئے لیکن یہ ان کا بہت محدود استعمال ہے۔ بمبئی میں سڑکوں کو یوں ضائع نہیں ہونے دیا جاتا۔ بچے بڑے بوڑھے انھیں سب اپنی اپنی صلاحیت اور استعداد کے مطابق استعمال کرتے ہیں شاہراہوں پر تو نہیں لیکن شاہراہوں کے علاوہ، ہر چھوٹی بڑی سڑک کو کرکٹ کے لئے ضرور استعمال کیا جاتا ہے جس گھر کے بچے اپنے محلے کی سڑک پر جاکر

کرکٹ نہیں کھیلتے، انہیں ان کے والدین جیب خرچ نہیں دیا کرتے۔ بمبئی میں یہ محلہ واری کرکٹ، دو کھیلوں کا معجون مرکب ہوا کرتا ہے یعنی کرکٹ اور ٹینس کا یہاں سب جگہ ٹینس کی گیند سے کرکٹ کھیلا جاتا ہے، اس میں فائدہ یہ ہے کہ صرف گھروں کی کھڑکیوں کے شیشے ٹوٹتے ہیں۔ راستہ چلنے والوں کے سر نہیں پھوٹتے۔ جن سڑکوں پر وکٹ لگانے کی وجہ سے سوراخ بن جاتے ہیں۔ انہیں سوراخوں سے میونسپلٹی بعد میں مین ہول (MAN HOLE) کا کام لیتی ہے۔ اس طرح حکومت کا کافی پیسہ بچ جاتا ہے۔ ایسی کفایت کہیں اور نہیں دیکھی گئی۔ بچوں کو اس طرح کرکٹ کھیلنے کا یہاں بُرا نہیں مانا جاتا جو لوگ غلطی یا نادانی سے انہیں ٹوکتے ہیں کچھ دیر بعد اسپتال میں پائے جاتے ہیں۔

بمبئی میں سڑکوں پر ہاکی نہیں کھیلی جاتی۔ ہاکی یہاں زیادہ مقبول ہے لیکن عقل مند لوگ اپنے اپنے گھروں میں ہاکی اسٹک ضرور رکھتے ہیں ہاکی اسٹک کی مدد سے کئی گھریلو اور کاروباری معاملات کے علاوہ عشق و عاشقی اور رقابت کے مسائل آسانی سے طے کئے جا سکتے ہیں۔ ہاکی اسٹک کے اس طرح کے استعمال پر یہاں کوئی پابندی نہیں۔ اس کا لائسنس بھی نہیں لینا پڑتا۔ بمبئی سہولتوں کا شہر ہے۔ ہاکی کے اس کھیل میں کوئی ریفری نہیں ہوتا۔ فتح و شکست کا فیصلہ فریقین کو خود ہی کر لینا پڑتا ہے۔

بمبئی میں سڑکوں کو مصوری کے لئے بھی استعمال کیا جاتا ہے — سڑک پر اگر کسی جگہ کوئی تصویر بنی نظر آئے تو کچھ نذرانہ ضرور پیش کرنا چاہئے جو شخص بھی تصویر بناتا ہے وہ اس نذرانے کا مستحق سمجھا جاتا ہے —

۱۳۰

ٹریفک پولیس کا یا میونسپلٹی کا اس میں کوئی حصہ نہیں ہوتا۔

کئی جگہ سڑکوں پر ضروری خبریں بھی لکھ دی جاتی ہیں ۔ اس فلمی اخبار کو پڑھتے ہوئے لوگ سڑک پر ہمیشہ نیچے ہی دیکھ کر چلا کرتے ہیں۔ ٹھوکر نہیں لگتی ۔

کہیں کہیں سڑکوں پر کچھ نمبر لکھے دکھائی دیتے ہیں ۔ ان نمبروں میں اصل میں کئی لوگوں کی قسمت لکھی ہوتی ہے ۔ یہ راز ہمیں بہت دیر سے معلوم ہوا (یہ ان قسم کے رازدں میں سے ایک ہے جسے کھلا راز کہا جاتا ہے)

ہمیں ان ہندسوں کی تفصیل ابھی ٹھیک سے معلوم نہیں ہوئی ہے لیکن کہتے ہیں ان ہندسوں کے سمجھنے والوں کی انگلیاں گھی میں اور سر مکھنے میں ہوتا ہے (کڑھائی تو بہت چھوٹی ہوتی ہے)

کبھی کبھی ان سڑکوں کو تماشوں اور کرتبوں کے لئے بھی استعمال کیا جانا ہے۔ اس کا کوئی روڈ ٹیکس نہیں ہوتا۔ جب تک یہ کرتب جاری رہتا ہے۔ ٹریفک بند رہتی ہے یا چلتی ہے تو اس طرح جیسے کوئی بدن چرا ئے چلتا ہے۔ ان تماشوں میں ایک بندر ضروری ہوتا ہے جو سب کو سلام کرتا ہے ۔اس ایک سلام کی خاطر لوگ گھنٹوں کھڑے رہتے ہیں۔ جب ان میں سے کوئی شخص کرتب دکھلانے والے کی تندر دانی کے خیال سے اپنی جیب میں ہاتھ ڈالتا ہے تو اسے پتہ چلتا ہے کہ وہ کسی دوسرے فن کار کی پہلے ہی کسے نذر ہو چکی ۔ ▪

(۵)

۔۔۔۔ کسی نے ہم سے کہا تھا کہ انگریز ہندوستان سے چلے گئے ۔۔۔۔۔۔
اس سے بہت پہلے کسی اور نے ہم تک یہ اطلاع پہنچائی تھی کہ ہٹلر

جن کا پورا نام ایڈولف ہٹلر تھا اور جو جرمنی کے باشندے تھے) رحلت کر گئے۔ اطلاع دینے والے صاحب نے اس خبر میں اس بات کا بھی اضافہ فرمایا تھا کہ ہٹلر کا نہ تو جنازہ اُٹھا اور نہ کہیں ان کا مزار بنا اور لطف یہ کہ صاحبِ موصوف غرقِ دریا بھی نہ ہوئے۔

دُنیا کے لذیذ ترین کھانوں کے ملک اِٹلی کے باشندے، مسولینی کے بارے میں بھی کچھ اسی قسم کی خبریں ملی تھیں۔

اور نادر شاہ کے بارے میں تو ہم نے بہت پہلے سُنا تھا کہ جب وہ، ہندوستان سے کوہِ نور سمیت واپس ہوئے تو کچھ ہی دِنوں بعد اُن کا انتقال ہوگیا ——— ہم نے ان سب خبروں پر یقین کر لیا تھا اور اپنے تئیں مطمئن تھے کہ جو کچھ ہوا اچھا ہی ہوا لیکن اب پھر خبر آئی ہے کہ ان میں سے کچھ لوگ بلکہ سب کے سب دلّی میں ترکمان گیٹ کے اطراف و اکناف میں دیکھے گئے۔ کچھ لوگوں کا کہنا ہے کہ یہ لوگ مظفر نگر ــــ علی گڈھ۔ سنبھل اور مراد آباد کے قرب و جوار میں اپنے پرانے کاروبار میں مصروف دیکھے گئے۔

لوگ بھی کیسی کیسی افواہیں پھیلا دیتے ہیں۔ اتنا عرصہ گزر جانے کے بعد بھلا ان بزرگوں کو اب کیا ضرورت پڑی کہ وہ ہندوستان آکر اپنا وقت ضائع کریں۔ پہلے کی بات اور تھی۔ سستا زمانہ تھا جس کا جی چاہتا مُنہ اٹھاتا اور ادھر چلا آتا۔ (درۂ خیبر، کیا صرف نمائش کے لئے بنا تھا) اس زمانے میں دوسرے قسم کے عیش و آرام تو خیر بیسیوں تھے لیکن باہر سے آنے والا یہاں کے آم بھی کھا لیتا تو نہال ہو جاتا۔ اب تو یہ حال ہے کہ آم کی طرف نظر بھر کر دیکھو تو آشوبِ چشم ہو جائے۔

ان ثقیل حالات میں نادرشاہ، ہٹلر، مسولینی اور جنرل ڈائر وغیرہ کی عقل ماری گئی ہے کہ وہ اِدھر کا رُخ کریں گے (اس غریب ملک میں اب سوائے سیاست کے اور رکھا کیا ہے)۔ ہوسکتا ہے کہ ان بزرگوں کے کچھ ورثا یہاں رہ گئے ہوں اور وہ لوگ ان علاقوں میں گھومتے گھامتے نکل پڑے ہوں۔

لیکن ہمارا ملک ہے آسیب زدہ۔ ممکن ہے ان لوگوں کی روحیں اس طرف آنکلی ہوں۔ ارواحِ بَد توجہاں ان کا جی چاہے گھوم سکتی ہیں ان پر کوئی قانون یا آرڈی ننس تھوڑے ہی لگتا ہے۔

ارواحِ بد کا دنیا میں آنا جانا پہلے بھی تھا۔ کیونکہ یہ دُنیا کافی بڑی ہے۔ لیکن ان روحوں میں آدمیوں کی طرح گٹھ جوڑ نہ تھا۔ جتھا بندی بھی نہیں تھی۔ کوئی ایک آدھ روح اکیلی آتی اور جو کچھ تنہا اس سے بن پڑتا کرتی اور چلی جاتی۔ لیکن اب تو ایسا معلوم ہوتا ہے کئی روحیں ایک ساتھ مل کر آنے لگی ہیں۔ ان میں بھی شاید پکنک اور پاٹ لک کی تحریکیں مقبول ہوگئی ہیں۔

کہتے ہیں تاریخ اپنے آپ کو دہراتی ہے۔ شوق سے دہرائے، لیکن کیا اس کام کے لئے صرف ایک ہی ملک رہ گیا ہے۔ ■■

(۶)

○ ملکوں اور مَردوں کی حفاظت کے لئے اسلحہ سازی کے کارخانے بے حد ضروری ہیں۔ کسی بھی مرد کا اپنے گھر میں اپنی بیوی کے ساتھ غیر مسلح رہنا خطرے سے خالی نہیں ــــــ یہ بات بھی یاد رکھنی چاہیئے کہ بعض میدانِ جنگ ایسے ہوتے ہیں جہاں کسی قسم کا کوئی بھی ہتھیار کام نہیں آتا۔ اسی لئے

کہا گیا ہے کہ جنگ اور امن دونوں کی خاطر، مُردوں کو گھر کے باہر ہی جانا پڑتا ہے۔

◯ لیکن وہ تو کوئی مرد تھا جو اپنے حُسن پر مرِتھا۔ نرگسی مرد (جس کی یاد میں نرگسی کوفتے پکائے اور کھائے جاتے ہیں)۔ عورتیں خودپسندی اور آئینہ داری کے معاملے میں خواہ مخواہ بدنام ہیں۔ عورتوں کو خود پر فریفتہ ہونے کی ضرورت بھی نہیں۔ مرد کب کام آئیں گے؟

◯ مَردوں میں پیدائشی شاعر تو پیدا ہو سکتے ہیں لیکن اِن کا پیدائشی مقرر ہونا مشکل ہے۔ پیدائشی مقرر صرف عورتیں ہوتی ہیں (یہ بات سُن کر ہی وہ اِتنا بولیں گی کہ زمین حیران اور آسمان ششدر رہ جائے گا)

◯ ساری دنیا میں اب عورتیں مردوں کی شانہ بشانہ چل رہی ہیں ۔۔۔ مردوں کا قد خود بخود گھٹ گیا ہے۔ جن مُلکوں میں ترقی زیادہ ہوئی ہے وہاں مرد، عورتوں کے شانہ بشانہ چلتے ہیں۔ وہاں اکثر عورتوں کو تو یہ شکایت ہوتی ہے کہ کئی ساتھی راستے ہی میں تھک تھک کر چھوٹ جاتے ہیں ۔۔۔ (مجبوراً انہیں ایک اور سول میرج کرنی پڑتی ہے)۔

◯ ایک بچے سے پوچھا گیا ’’ آدمیوں اور جانوروں کا فرق بتاؤ۔ وہ پریشان ہوکر رونے لگا۔

◯ کہتے ہیں افریقہ کے ایک جنگل میں آدمیوں کا ایک زو (zoo) کھولا گیا ہے۔ (اِس خبر میں ملک کا نام غلط معلوم ہوتا ہے۔

◯ غور سے دیکھا جائے تو کئی جانوروں کے جسم میں غلط سامان لگا دیا گیا ہے مثلاً مور کے پاؤں بدلے جانے چاہییں یا اُن کی پلاسٹک سرجری ہونی چاہیے۔ مور کے پاؤں، اگر قدرے دبیز اور سڈول ہوتے اور

ان پر وال پیپر لگا ہوتا تو بڑے بڑے آرٹسٹ ان کی قدم بوسی کے لئے بے چین رہتے۔ بلبل کے چھوٹے سے بلکہ اس ناتواں جسم میں اتنے اچھے ساؤنڈ بکس کی ضرورت نہیں تھی۔ ایسے ساؤنڈ بکس تو شاعروں کے حصے میں آنے چاہئیں۔

—— بھینسوں کا اتنا فربہ ہونا بھی غیر ضروری تھا۔ وہ کتنی ہی موٹی تازی کیوں نہ ہو، دودھ تو وہ وہی پانی ملا ہوا دیتی ہیں۔ ان کے مٹاپے کا کچھ حصہ دوسرے مستحق جانوروں میں بانٹا جاسکتا تھا (اور اپنے مٹاپے کی وجہ سے وہ کتنی آہستہ چلتی ہیں۔ ٹریفک میں خلل پڑتا ہے۔ ہاتھیوں کا مٹاپا تو خیر سمجھ میں آتا ہے۔ ان پر آدمی سوار ہوسکتا ہے۔ ہاتھی کی سواری سے آدمی کے وقار میں کافی اضافہ ہوتا ہے۔ ہاتھی پر بیٹھا ہوا آدمی دور سے معلوم ہوتا ہے کہ کوئی اشرف المخلوقات بیٹھا ہوا ہے لیکن بھینسوں سے تو سواری کا کام بھی نہیں لیا جاسکتا۔ کس کی عقل ماری گئی ہے کہ بھینس پر سوار ہوکر تفریح کو نکلے گا۔ بھینس کی پیٹھ پر صرف کوّے بیٹھتے ہیں اور اگر بہ نظر غائر نہ دیکھا جائے تو یہ شاید نظر بھی نہ آئیں۔ دکھائی دینے کے لئے مناسب پس منظر درکار ہوتا ہے —— بارہ سینگھوں اور ہرنوں کے جسموں میں تو اتنی کارآمد ٹانگیں فِٹ کردی گئی ہیں جو انہیں منٹوں میں کہاں سے کہاں پہنچا دیتی ہیں —— ایسی کارآمد اور مفید ٹانگیں تو شادی شدہ مردوں کو عطا کی جانی چاہئیں تھیں۔ ■

(۷)

○ شاہی اور شہنشاہی وغیرہ سے متعلق اگر عوام کے خیالات آئندہ بھی اسی طرح کے رہے جیسے کہ اب ہیں تو وہ دن دُور نہیں جب تاش کے پتوں کے بادشاہوں کو بھی راہِ فرار اختیار کرنی پڑے (بادشاہوں کے اس طرح رخصت ہونے میں کوئی حرج نہیں، بس ضمانت اِس بات کی ہونی چاہیئے کہ ان کی خالی جگہیں جوکر نہ لے لیں۔

○ دو تلواریں ایک نیام میں نہیں سما سکتیں۔ ہمارا خیال ہے سما سکتی ہیں۔ بشرطیکہ دونوں ناکارہ ہوں۔ نیام کا نمونہ بھی بدلا جاسکتا ہے (بیل باٹم کیسی رہے گی؟)

○ معذوروں کے اس عالمی سال کے دوران، سُنا گیا ہے کہ کئی سیاسی لوگوں کی فلاح و بہبود کے لئے بھی ایک اسکیم بنائی جائے گی (درخواستیں عنقریب طلب کی جانے والی ہیں۔)

○ اعداد و شمار بتاتے ہیں کہ دنیا بھر میں جنسی جرائم کی تعداد میں اضافہ ہوا ہے، تحقیق کرنی چاہیئے کہ کہیں انگور کے گھر بیٹا تو نہیں پیدا ہوگیا —— ہمارے بزرگ دوست اکبر الہ آبادی اس بات پر شکر منایا کرتے تھے اور کہتے تھے خیریت گزری کہ انگور کے بیٹا نہ ہوا —— لیکن وہ دن اور تھے۔ سائنس نے اتنی ترقی نہیں کی تھی۔ کیا تعجب ٹیسٹ ٹیوب بے بی کے

جواب میں ٹیسٹ ٹیوب بابا بھی نمودار ہو چکا ہے۔

○ کہا گیا ہے غصہ تھوک دینا چاہیئے ـــ سمجھ دار لوگ اس نصیحت پر دل و جان سے فدا ہیں اور اس پر اس طرح عمل کرتے ہیں جیسے انھیں ڈر ہو کہ اگر جگہ جگہ تھوکا نہ گیا تو اُن کی جان کو خطرہ ہے ـــ اس ڈر کے مارے، ہم میں سے کوئی شخص بھی سڑک پر بغیر تھوکے نہیں چلا کرتا ـــ بس میں سفر کرنے والے بھی اس کارِ خیر میں حصہ لینا نہیں بھولتے ـــ بس کی، اوپر کی منزل سے غصہ تھوکا جائے تو طبیعت فوراً بحال ہو جاتی ہے۔ بعض لوگوں کا غصہ سُرخ ہوتا ہے لیکن یہ اشتراکیت کی وجہ سے نہیں، ان کی اپنی انفرادیت کی بنا پر ہوتا ہے جس کی وہ قیمت بھی ادا کرتے ہیں۔ یہ غصہ بنارسی بھی ہو سکتا ہے اور مگھی بھی، کلکتہ ۱۲۰ بھی اور پونا سادہ بھی۔ چند لوگ ایسے بھی ہوتے ہیں جن کا غصہ میٹھا ہوتا ہے ـــ یہ بھی تھوکا جاتا ہے۔ سڑکیں آخر بنی کاہے کے لئے ہیں؟

○ فلموں میں بڑے اور نامور اداکاروں کے علاوہ "زونامڈ" بھی ہوا کرتے ہیں جنھیں اکسٹرا کہا جاتا ہے۔ اسی طرح دنیا کے اسٹیج پر بھی بکثرت، اکسٹرا ہوتے ہیں جو عرفِ عام میں عوام کہلاتے ہیں۔ اکثر ملکوں میں عوام کی حالت بھی وہی ہوتی ہے جو فلموں میں اکسٹرا کی، ہوتی ہے لیکن ایسا ہونا کوئی ضروری نہیں۔ عوام کی حالت اکسٹرا سے بھی گئی گزری ہو سکتی ہے۔ اس کام کے لئے عوامی حکومتیں بنائی جاتی ہیں۔

○ مرن برت بڑے کام کی چیز ہے۔ مرن برت کی خوبی یہ ہے کہ اس میں آدمی مرتا نہیں ہے۔ مرن برت کے شوقین ایک ہزار آدمیوں میں سے ایک آدھ برت دار مر جائے تو سمجھ لینا چاہیئے کہ اس کی موت برت کی وجہ سے نہیں بلکہ بدہضمی کی وجہ سے ہوئی ہے (ایسا ہوتا ہے) مرن برت میں عام طور پر آدمی کا وزن دو چار کیلو بڑھ ہی جاتا ہے۔ ●●

پسِ پُشت

کچھ کتابیں ایسی ہوتی ہیں جن پر کوئی پیش لفظ، کوئی مقدمہ، کوئی تقریظ اثرانداز نہیں ہوسکتی یہ جیسی ہوتی ہیں ویسی ہی رہتی ہیں 'البتہ' بھی اِنہی کتابوں میں سے ایک ہے۔

میری پچھلی کتاب 'فقط' ۱۹۷۷ء کے آخر میں شائع ہوئی تھی اس ۴ سال کے عرصے میں میری کسی کتاب کے نہ چھپنے سے لوگوں کو جو طمانیت اور تھوڑی بہت مسرت حاصل ہوئی تھی اس کا مجھے قلق ہے۔ 'البتہ' کے چھپ جانے سے یک گونہ اطمینان ہوا۔ اس کے لئے میں مصطفیٰ کمال مدیر 'شگوفہ' کا ممنون ہوں (وہ خواہ کتنے ہی مطعون کیوں نہ ہوں)۔

اس کتاب میں یہی ایک خوبی ہے کہ یہ کافی دیر سے شائع ہورہی ہے (میری اگلی کتاب میں یہ خوبی بھی نہیں رہے گی' ۱۹۸۲ء کے اوائل ہی میں 'بالکلیات' پیش خدمت کرنے کا ارادہ ہے۔ کتاب کا نام 'بالکلیات' مَیں نے اس لئے سوچا ہے کہ کلیات میرے پاس ہے نہیں)۔

اپنی کتابوں کی تعداد بتلانے کا شوق سبھی کو ہوتا ہے مجھے بھی ہے۔ یہ میری نویں کتاب ہے براہِ کرم اِسے بسیار نویسی نہ کہئیے ورنہ میری اگلی کتاب کی اِشاعت پر آپ کیا کہیں گے۔

یوسف ناظم

۱۹۔ الہلال، ۱۳۰ باندرہ ریکلیمیشن
کرشن چندر مارگ
بمبئی ۴۰۰۰۵۰۔

منتخب مزاحیہ مضامین کا ایک اور مجموعہ

کَیف و کَم

مصنف : یوسف ناظم

بین الاقوامی ایڈیشن منظر عام پر آچکا ہے

RF104989